Lecina Fernández

EL VALOR DE LA ILUSIÓN

Activa tu potencial y mejora tu vida

 Siglantana

ISBN: 978-84-10179-34-9

Depósito legal: B 16534-2024

Impreso por Winihard *Gràfics*, S.L. - Moià (Barcelona)
en papel ecológico certificado por FSC®.

A mis padres,
me transmitieron la ilusión.

«Cuando a la persona se le arrancan las ilusiones, su vida se seca»[1]

Ignacio Gómez de Liaño

ÍNDICE

POR QUÉ *LA ILUSIÓN*. PARA QUÉ ESTE LIBRO

Este libro trata de la ilusión. La finalidad es hacer partícipe al lector del valor psicológico que he ido descubriendo a través de los estudios cualitativos, cuantitativos y de análisis de la ilusión en estos años de investigación. El libro tiene tres objetivos fundamentales que me gustaría transmitir:

1. La gran dimensión del concepto *ilusión* en el idioma español.
2. Los valores psicológicos que aporta la ilusión y su poder transformador.
3. Ser más conscientes de nuestra capacidad para ir a buscar la ilusión.

PRIMER OBJETIVO

Transmitir el primer descubrimiento que me llamó la atención: la gran dimensión del concepto *ilusión* en su acepción positiva en el idioma español.

La palabra *ilusión* es conocida en muchos idiomas y en todos ellos tiene el significado de *engaño*. Pero en español también tiene un sentido positivo relacionado con la esperanza y la alegría.

He observado que en el idioma español la experiencia de vivir la ilusión en su acepción positiva se expresa de diferentes maneras: «Tener ilusión», «vivir con ilusión», «me hace mucha ilusión»… Son expresiones en las que se usa como sustantivo precedido por un verbo.

En otras ocasiones se usa como un adjetivo calificativo de emoción; por ejemplo: «Estoy ilusionado» o «soy una persona ilusionada». Y también con el verbo *ilusionar*, describiendo una acción hacia uno mismo: «Me ilusiona mucho ser…», «me ilusiona hacer…», «Me ilusionaría ir…»; o como una acción hacia los demás: «Voy a ilusionar a mi hijo con esta sorpresa», «ilusionaré a la clase al poner en marcha este proyecto» o «voy a ilusionar al equipo de fútbol cuando les diga que vamos a la competición». De una u otra manera, en su acepción positiva, es una expresión muy integrada en la vida cotidiana, hasta tal punto que, en el estudio que se realizó sobre el concepto *ilusión*, más de nueve de cada diez personas, casi el cien por cien, relacionó la ilusión con la vida misma[2].

Pero no siempre fue así… La palabra *ilusión* se deriva del latín *ilusio, -ionis*, «engaño», que a su vez deriva de *ludere*, «jugar»[3]. El verbo *ludere* con el prefijo *in-* formó *illudere*, que en latín significa «jugar contra (*in*), hacer mofa de». Por eso la palabra *ilusión* significa engaño, idea irreal, distorsión de la percepción de los sentidos. Este significado se observa en expresiones como «ilusión óptica», «ilusionismo», «iluso», «hacerse ilusiones», «de ilusión también se vive» o «mera ilusión». Esta acepción de engaño no solo existe en el lenguaje verbal, también ha quedado reflejada en la literatura a lo largo de la historia. Un ejemplo es la novela *Las ilusiones perdidas*, de Honoré de Balzac, publicada en 1837, en la que el personaje protagonista tiene ensoñaciones y la esperanza de que las personas de su entorno las conviertan en realidad, pero él no construye su destino hacia su ilusión, es débil y orgulloso y con el paso del tiempo ve frustradas sus «ilusiones» de juventud. Este tipo de ilusión sigue tan vigente en la actualidad que el director de cine Xavier Giannoli, en el año 2021, hizo una adaptación de la novela de Balzac con su película *Las ilusiones perdidas*[4]. Otro ejemplo de acepción de «engaño o ilusionismo» de este siglo es la novela *El libro de las ilusiones*[5], de Paul Auster, donde el autor entrecruza historias de tal modo que ficción y realidad se fusionan, superponen y los límites se difuminan, proporcionando al lector un juego similar al ilusionista con su público.

Volviendo al concepto *ilusión* en el idioma español, en el Diccionario de Autoridades de la Real Academia Española de 1734 la palabra *ilusión* se definía de la siguiente manera: «Engaño, falsa imaginación o aprehensión errada de las cosas»[6]. Este sentido «negativo» se refleja en la novela *Las ilusiones del doctor Faustino*[7], de 1875, de Juan Valera. Ya entonces una crítica contemporánea dijo sobre la novela: «... no son las ilusiones verdaderas ni falsas lo que aquí resulta condenado, sino, más bien, la presunción vanidosa del sujeto y la carencia de carácter, traducida en falta de ideas y convicciones, flojedad y anarquía de propósitos, pereza intelectual, y, a la postre, decaimiento de la conciencia moral y perversión consiguiente de la voluntad»[8]. Esta opinión indica un concepto de ilusión similar al de Balzac, muy diferente a la acepción positiva que tiene hoy en día. Y por otra parte enumera los valores psicológicos que la ilusión positiva aporta a la persona y a su personalidad y de los que carece el protagonista.

Fue en esa misma época, incluso unos años antes, cuando el concepto ilusión empezó a adquirir un sentido positivo. Ese cambio lo describe el filósofo Julián Marías en su *Breve tratado de la ilusión*, en el que considera que fue Espronceda (1808–1842) quien escribió en su poesía el nuevo sentido de la ilusión, asociándola al sueño, la fantasía y la esperanza. La ilusión aparece ligada a lo que da sentido a la vida, a la posibilidad de la vida misma, y esa realidad depende de la actitud, de cómo el hombre se proyecte y la interprete[9]. Desde entonces la palabra ilusión en su acepción positiva ha permanecido, llegando a tener un peso tan grande o incluso mayor que en su acepción negativa de *engaño*.

Hoy el diccionario (RAE) define la ilusión incluyendo términos como *esperanza* y *viveza*: «Esperanza cuyo cumplimiento parece

15

especialmente atractivo. // Viva complacencia en una persona, una cosa, una tarea, etc.»[10]. Y, en el día a día de la vida cotidiana, todavía se asocia a más significados, como refleja el estudio *¿Qué es para ti la ilusión?*[11], del que compartiré los detalles más sorprendentes en el siguiente apartado: «El concepto *ilusión*».

Este libro se va a centrar en la acepción positiva de la ilusión, por esos nos referimos a ella como *Ilusión Positiva*[12].

SEGUNDO OBJETIVO

El segundo objetivo de este libro es transmitir otro descubrimiento: los valores psicológicos que aporta la ilusión y su poder transformador, para que el lector sepa todo lo que pone en marcha cuando vive y construye una ilusión.

Saber qué es la ilusión no es suficiente. Es necesario conocer los porqués. ¿Por qué es importante fijarse en la ilusión? ¿Por qué la ilusión forma parte de nuestro lenguaje y de nuestra cultura a pesar de haber pasado guerras, hambre, graves epidemias o incluso pandemias? ¿Por qué hay personas que se preocupan por la ilusión, por la suya propia y por la de seres queridos? Por sus valores. Esa es la respuesta.

Respuesta basada en la evidencia, análisis y estudios que he hecho y cuento en las páginas siguientes. Por los resultados obtenidos sabemos que, cuando estamos ilusionados, la ilusión trae consigo todos sus valores y estos nos aportan beneficios psicológicos saludables. Lo mostraré en el capítulo tres, «La Ilusión Positiva nos cambia el presente y, por tanto, el futuro», y en el capítulo cuatro: «La Ilusión Positiva aumenta lo Psico-positivo y disminuye lo Psico-negativo».

Respecto a la importancia de los valores, comento aquí que Max Scheler (1874–1928), filósofo alemán considerado el principal teórico de la doctrina de los valores o axiología[13], dijo:

«Las cosas, además de *ser*, *valen*; y el valor es aquello que les hace poseer la calidad de *bienes*»[14].

Scheler clasificó el complejo mundo de los valores en una jerarquía de tres niveles[15], y si los comparamos con la Ilusión Positiva observamos que ésta incluye valores de los tres niveles:

1. El primer nivel sitúa los valores relacionados con el *sentir sensible*. Se refiere al valor de lo agradable y contravalor de lo desagradable. La Ilusión Positiva incluye valores de este nivel: el valor agradable de la alegría y felicidad, que son contravalor de lo desagradable, como la infelicidad o la tristeza.

2. Segundo nivel. Los *valores vitales o biológicos*. Se refiere a valores de la salud, de la fortaleza, de la agilidad y contravalores de la enfermedad, de la debilidad, de la torpeza. La Ilusión Positiva incluye emociones y sensaciones como energía, motor, fuerza, ganas o ánimo, y sus contravalores serían la debilidad, desgana, apatía o pereza.

3. Tercer nivel. Los *valores espirituales*. Se refiere a los valores no vinculados a la materia, como la verdad con su contravalor de la falsedad, o la belleza con su contravalor de la fealdad. La Ilusión Positiva incluye pensamientos, emociones, actitudes que las personas han dicho al describir la ilusión: lo bello que es vivir con ilusión; el sentido que da a la vida; la proyección de nosotros mismos; la transcendencia que conlleva. Y sus contravalores serían vivir sin ilusión, el vacío existencial o vivir sin sentido.

Es importante saber qué *es* la ilusión y cuál es su *valor*; así sabremos los bienes que aporta a nuestras vidas.

TERCER OBJETIVO

El tercer objetivo es igual o más importante que los anteriores, es transmitir otro descubrimiento: cómo hacernos más conscientes de nuestra capacidad para ir a buscar la ilusión perdida. A este objetivo dedico el capítulo cinco: **PREDISPUESTA**: Una estrategia para buscar la Ilusión Positiva».

Al estudiar la ilusión[16], he observado que las personas somos conscientes de que tenemos o no tenemos ilusión, pero no somos tan conscientes de que también podemos ir a por ella: es posible ir a buscarla, encontrarla, recuperarla, incluso cuando la hemos perdido. Este es uno de los resultados más llamativos y gratificantes que obtengo en los Talleres de Ilusión Positiva: ver el rostro de alumnos y alumnas, independientemente de su edad y condición, cuando descubren que pueden ir a por la ilusión, aunque se encuentren en momentos de sus vidas donde parecía que la habían perdido o que incluso había desaparecido.

Ir a por la ilusión requiere valor para ir avanzando hacia ella y valores para afrontar los obstáculos que encontremos por el camino. Los valores son importantes por sí mismos. También son importantes para las personas, porque las convierten en portadoras y realizadoras de esos valores. Y de modo similar ocurre con la Ilusión Positiva y las personas: cuando vamos a por la ilusión somos portadores y realizadores de los valores psicológicos de la ilusión, sentimos, pensamos, hacemos con esos valores y *somos* esos valores.

Podemos actuar, controlar e influir en la construcción de la ilusión y en el crecimiento de nosotros mismos, porque al vivir y experimentar los valores de la ilusión nos convertimos en esos valores. Nos transformamos. No es magia, en el sentido de que las cosas de la vida cambien por un chasquido de los dedos. Pero sí es posible. Hay que trabajar, esforzarse, reflexionar, aceptar, planificar, soñar.

Deseo que este libro te ayude a:

1. Entender más ampliamente la Ilusión Positiva y su valor.

2. Conocerte mejor a través de la ilusión: tus emociones, tu intelecto, tu capacidad de acción, de aceptación de la realidad, tu resistencia y tu valor como persona, para influir en ti y dirigir mejor tu vida. Descubrirás, a través de la ilusión, cómo eres realmente, porque cuando vives con ilusión eres y vives de otra manera.

3. Conectar con el mundo que te rodea al vivir la Ilusión Positiva.

¡Vamos a por ello!

EL CONCEPTO *ILUSIÓN*: *ILUSIÓN POSITIVA VS. ILUSIÓN*

¿QUÉ ES LA ILUSIÓN?

La ilusión es un concepto que abarca una gran dimensión y por eso resulta difícil definirla. En el año 2011 decidí hacer una pregunta: *¿Qué es para ti la ilusión?*[17]. Fue un descubrimiento importante observar que, aun siendo una palabra tan común y tan utilizada en la vida cotidiana, cada persona daba una definición diferente. Pero sus respuestas no se contradecían, sino que ayudaban a completar la descripción de la ilusión. Con ello descubrí, desde el punto de vista de la psicología, que para las personas la ilusión es **emoción**, y también es **pensamiento, acción** y **actitud**. Teniendo en cuenta todas sus respuestas, se podían agrupar en seis actos y concluir la siguiente descripción:

La ilusión es un conjunto de actos:

1. Creer en los sueños.
2. Sentirse capaz de diseñarlos y hacer real lo imaginado.
3. Emprender acciones para perseguirlos.
4. Ser perseverante para conseguirlos.
5. Tener esperanza en lograrlos a pesar de la incertidumbre y de las adversidades.
6. Y, además, recorrer el camino con ganas y alegría.

También fue importante descubrir que la sucesión de actos no necesariamente tienen este mismo orden para todas las personas, sino que cada persona priorizará un acto u otro según el significado que para ella tiene la ilusión. Y otro descubrimiento, más bien una sorpresa, fue escuchar: «Nunca me había parado a pensar en qué es la ilusión, dar una respuesta es más difícil de lo que creía». ¿Parece que las personas la sentimos más que la pensamos?

Sus respuestas resultaron tan interesantes desde el punto de vista psicológico que a partir de ellas realicé un segundo estudio: *¿Qué es la ilusión?*[18]. Participaron 3200 personas respondiendo a la pregunta: «¿En qué medida de 1 a 10 asocia usted la ilusión a...?». Se iban preguntando once categorías de asociación extraídas del primer estudio cualitativo: ... a la fuerza y constancia para perseguir nuestro sueño; ... a la confianza en uno mismo y sentirse capaz para alcanzar objetivos y sueños; ... a ganas de vivir (ese motor, energía o motivación para hacer las cosas); ... a valorar el instante y lo cotidiano como lo que da sentido a la vida; ... a alegría y felicidad; ... a tener esperanza y creer que lo imaginado se puede hacer realidad; ... a tener metas o proyectos personales; ... a la incertidumbre, a la duda de no saber con seguridad si conseguiremos lo que nos hemos propuesto; ... a las personas (pareja, hijos, etc.); ... a la falsa esperanza, a estar fuera de la realidad;... a la vida. (Ver Fig. 1).

Observando el gráfico, vemos que de cada diez personas casi nueve y media asocian la ilusión a las **emociones**: a las ganas de vivir (motor, energía o motivación para hacer las cosas); a sus seres queridos (parejas, hijos, padres, amigos...); a la alegría y felicidad. Y esa asociación tiene un peso medio aproximado de 9 puntos en una escala de a 0 a 10 puntos, donde el 0 es nula asociación y el 10 la máxima asociación.

Pero, además de asociar la ilusión a las emociones, también la asocian a otros elementos relacionados con el **pensamiento y**

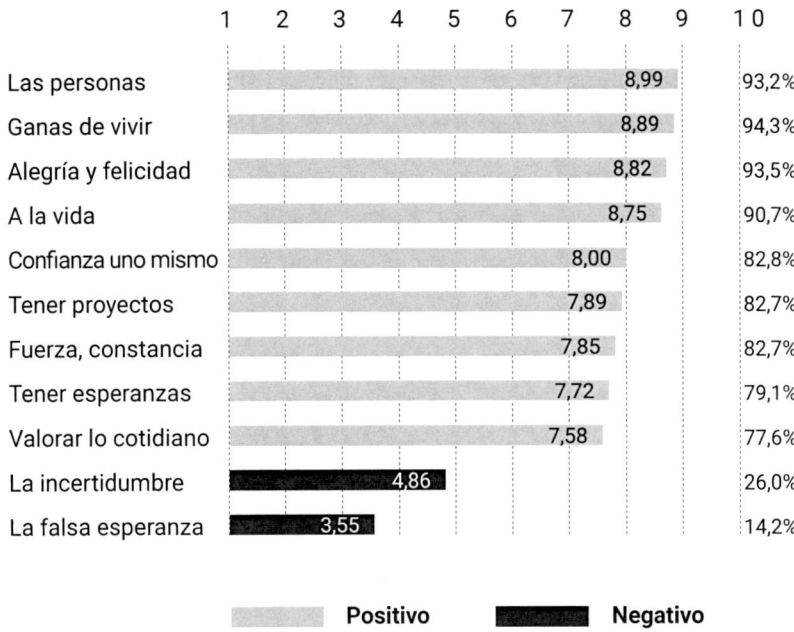

Fig. 1. Gráfico del nivel de asociación de ideas y conceptos con la ilusión.

la razón. Por ejemplo: de cada diez personas, más de nueve asocian la ilusión a la vida; de cada diez personas, más de ocho asocian la ilusión a la confianza en uno mismo y sentirse capaz para alcanzar objetivos y sueños, a tener metas y proyectos personales individuales o con otras personas; a la fuerza y la constancia para perseguir sus sueños; a tener esperanza y creer que lo imaginado se puede hacer realidad con los pasos que van dando. Y, de cada diez personas, casi ocho asocian la ilusión a valorar el instante y lo cotidiano como lo que da sentido a la vida. Además, el nivel de asociación al pensamiento y a la razón es muy alto, tiene un peso de 8 puntos (7,98) en una escala de 0 a 10 donde el 10 es la máxima asociación.

De modo que la ilusión, en su acepción positiva en el idioma español, está ligada a la emoción, al pensamiento, a la razón y también a la **acción**. Sin acción, nada de lo que forma la ilusión –la vida, los proyectos, la constancia, etc.– se puede convertir en realidad. Por tanto:

La ilusión es un concepto que hace referencia a un comportamiento muy completo al incluir conductas cognitivas, emocionales y motoras que se activan al ponerla en marcha.

¿QUÉ ELEMENTOS PSICOLÓGICOS COMPONEN EL CONCEPTO *ILUSIÓN POSITIVA*?

La mayoría de los elementos que componen la ilusión son intangibles, y esto no sólo hace difícil definirla, también hace difícil reconocer a simple vista su composición. De los estudios que he realizado se concluye que la Ilusión Positiva se compone de los elementos siguientes:

• Elementos cognitivos. Pensamientos, imaginación, memoria, atención, creencias.
• Elementos emocionales. Emociones agradables, como la alegría, la esperanza, la felicidad, el orgullo, el entusiasmo, etcétera. Y también puede ir acompañada de emociones desagradables, como el miedo, la ansiedad, la vergüenza, la inseguridad o la frustración.
• Elementos comportamentales, como la acción, ponerse en marcha, la constancia.
• Fortalezas y virtudes, como el ingenio y la creatividad, una mente abierta y con perspectiva, la valentía, la perseverancia, la vitalidad, el amor, la inteligencia emocional, el liderazgo, la confianza en uno mismo, la prudencia, el autocontrol, la percepción de la belleza, del lado positivo de la vida, la gratitud, la esperanza, la fe y el optimismo.

- Habilidades y cualidades, como amplitud de visión, capacidad para cambiar las cosas, empatía, iniciativa, mayor tolerancia a la frustración, paciencia, resistencia, saber reírse, serenidad, superación del yo y, así, una lista de más de ciento treinta habilidades[19] que se despiertan al estar ilusionados.
- Actitud ante la vida que lleva implícita la ilusión. Actitud más positiva y vitalista respecto al cambio de pensamientos y emociones, de conductas que predisponen a la acción.
- Elementos narrativos. El lenguaje que usan las personas cuando están ilusionadas y cómo se cuentan a sí mismas su historia ilusionante.
- También incluye elementos como el tiempo que se necesita para llevar a cabo la ilusión y la sensación subjetiva del mismo al ir tras ella.
- Los espacios y escenarios donde se desarrolla.
- Y los recursos humanos o físicos, tangibles o intangibles que se necesitarán para poder llevarla a cabo: amigos, profesores, vecinos o materiales para ir construyéndola. A veces son muy sencillos, como la ilusión de los niños de construir con una caja de cartón grande una casa o un autobús para jugar, o la ilusión de confeccionar disfraces reciclando bolsas de plástico, papel o cartulinas.

Veamos con más detalle algunos de estos elementos, su valor psicológico y los beneficios que aporta a la persona:

ELEMENTOS EMOCIONALES

Un valor psicológico que caracteriza a la Ilusión Positiva son los beneficios que aporta como emoción. Por la experiencia que tienen las personas al vivir la ilusión saben que les proporciona emociones positivas que les hacen sentir bien.

Si además de a la experiencia personal recurrimos a los estudios que ha hecho la psicología sobre las emociones positivas (alegría, felicidad, satisfacción, esperanza, fluir, orgullo, elevación, etc.), los resultados concluyen que las emociones positivas, además de aportarnos beneficios inmediatos de bienestar, también nos aportan beneficios a más largo plazo, y beneficios derivados de esas emociones: relacionan las emociones positivas[20] con el nivel de bienestar subjetivo, de salud, incluso de prolongar la vida hasta una media de diez años. Otros estudios han ido demostrando que las emociones positivas se relacionan con un pensamiento más abierto, flexible y una respuesta más creativa en las soluciones a los problemas. Respecto a la acción de afrontar las adversidades, hay estudios que afirman que las emociones positivas ayudan a las personas a ser más resilientes, más resistentes ante la adversidad. Y, respecto a los beneficios a largo plazo, Bárbara Fredrickson, quien planteó la «teoría abierta y construida de las emociones positivas», sostiene que tienen la propiedad de construir reservas de recursos físicos, intelectuales, psicológicos y sociales disponibles para momentos futuros de crisis.

Por tanto, las emociones positivas nos benefician a nivel físico en nuestro bienestar, tanto a nivel mental, mejorando el pensamiento, como a nivel de comportamiento, acompañándolo de un espíritu más fuerte en el presente y para el futuro.

Si la Ilusión Positiva es una emoción positiva –además de un pensamiento, un comportamiento y una actitud– lleva a inferir que aporta los beneficios de las emociones positivas estudiados por la psicología positiva.

Además, no se priva de los beneficios de las emociones negativas o desagradables: hemos observado que la Ilusión Positiva incluye emociones como el miedo y la incertidumbre, las cuales, aunque no son agradables, sí son importantes, porque ponen a la persona en alerta ante situaciones críticas y amenazantes, dando la oportunidad de replantear el problema que puede aparecer con la ilusión prevista. Y al mismo tiempo entrena a enfrentarse y gestionar estas emociones desagradables (miedo, incertidumbre, vergüenza, etc.), entrenamiento muy útil para la vida.

ELEMENTOS COGNITIVOS

La ilusión entrena el pensamiento, la imaginación, la memoria, etc. Y en este apartado voy a hacer énfasis en que la ilusión entrena la capacidad de proyección.

Un valor esencial que caracteriza la ilusión, y al ser humano, es la proyección:

- Proyección personal de nosotros mismos: de dentro hacia fuera, de lo que la persona imagina, siente y quiere convertir en realidad, de su proyecto desde presente hacia futuro, de lo que le gustaría hacer, de lo que quiere ser en el día de mañana.
- Proyección en relación con los demás: si la ilusión que imagina es compartida o repercute en otras personas.
- Proyección en relación con el mundo: al transformar su entorno con esa ilusión.

La proyección anticipa, activa diversas funciones del cerebro, abarca procesos cognitivos de la fase de antes de poner en marcha una conducta. Y con ello ayuda a la persona a ver con más claridad dónde quiere ir, a plantearse metas y objetivos, a dar sentido a sus pasos en la relación consigo misma y en su conexión con el mundo.

Si la ilusión es una proyección de la persona hacia el futuro, la ilusión lleva consigo las características y beneficios de la proyección.

FORTALEZAS Y VIRTUDES

Este elemento relaciona la ilusión con la personalidad. Podemos preguntarnos: ¿está relacionada la ilusión con nuestra forma de ser, con nuestros rasgos de personalidad? ¿Ayuda la ilusión a entrenarnos en cómo nos gustaría ser? ¿Aporta valores con los que aprendemos y nos guían para crecer? Es importante fijarse en ello. Son muchos los psicólogos que han estudiado los rasgos de la personalidad, entre ellos Gordon Allpot, Raymond Catell, Warren Norman y Hans Eysenck. Más recientemente, Martin Seligman[21] plantea la personalidad como un conjunto de veinticuatro rasgos que él denomina *veinticuatro fortalezas*, las cuales, según su teoría, forman el buen carácter de las personas, y las relaciona con la felicidad. Llegó a estas fortalezas buscando las características positivas y deseables que están presentes en las grandes culturas de oriente y occidente, que recorrió junto con Peterson, a las que llamaron *virtudes*: 1) Sabiduría y conocimiento, 2) Coraje, 3) Humanidad, 4) Justicia, 5) Moderación y 6) Transcendencia. Las seis virtudes, en las que se agrupan las veinticuatro fortalezas, son características de personalidad, y considera que pueden entrenarse y mejorarse con voluntad, tiempo, esfuerzo y dedicación.

La Ilusión Positiva ayuda a entrenar estas fortalezas. Evidencia de ello es que, en el estudio mencionado de la Ilusión Positiva, las personas describieron las características de la ilusión y se pueden comparar con estas seis virtudes y sus fortalezas. Por ejemplo:

La virtud Sabiduría y Conocimiento incluye las fortalezas Apertura de mente o Perspectiva, y la Ilusión Positiva incluye estas mismas propiedades. Las personas la describen por ejemplo como Proyecto imaginado.

La virtud Coraje incluye las fortalezas Valentía, Persistencia, Vitalidad, Entusiasmo y Autenticidad, y la Ilusión Positiva incluye estas propiedades, además de Fuerza, Perseverancia, Energía, Motor y Ganas de vivir.

La virtud Humanidad incluye las fortalezas Amor o Inteligencia emocional, y la Ilusión Positiva incluye, entre los valores más altos del estudio realizado, la asociación de la ilusión a las personas. Las personas son inseparables de la ilusión. Por las personas se construyen muchas ilusiones, aunque lleve mucho esfuerzo; se construyen con amor y alegría.

La virtud Justicia incluye fortalezas como Liderazgo y Ciudadanía, y con la Ilusión Positiva las personas se sienten líderes o protagonistas de la ilusión que construyen para sí mismos o para un grupo más grande.

La virtud Moderación incluye fortalezas como Prudencia y Control, y la persona ilusionada crea un plan, paso a paso, llevando el control de las riendas para avanzar hacia la ilusión imaginada.

Y, por último, la virtud Transcendencia incluye fortalezas como Belleza, Lado positivo de la vida, Esperanza, Optimismo o Fe. Y la Ilusión Positiva incluye estas mismas propiedades y otras, como Valorar lo cotidiano, Visión de futuro y Tener Fe en convertir la ilusión imaginada en realidad.

Esta comparación entre la Ilusión Positiva y las seis virtudes y sus fortalezas nos ayuda a ver las relaciones y semejanzas entre ambas y considerar que forman un círculo virtuoso; es decir, si educamos y entrenamos las fortalezas humanas estamos entrenando elementos y valores de la Ilusión Positiva, y si educamos, entrenamos, practicamos y vivimos la Ilusión Positiva estamos entrenando fortalezas humanas[22].

Cuando construimos Ilusión Positiva, construimos valores y rasgos de personalidad, nos construimos a nosotros mismos.

Dos conclusiones importantes se extraen de este apartado dos, «Elementos psicológicos que componen el concepto *ilusión*»:

La primera es que la Ilusión Positiva es un conjunto de elementos que se suman y se conectan entre ellos, reforzándose unos a otros. Cuando una persona está ilusionada vive esos elementos que forman parte de la ilusión, de ella misma y de la historia personal ilusionante que está construyendo. No sabe cómo acabará la historia; aun así, le hace feliz diseñarla y construirla y quiere llegar hasta el final.

La segunda es que la Ilusión Positiva abarca todo el arco del comportamiento: antes de empezarlo, durante y después. Y en cada fase y momento nos aporta sus características, facilitándonos avanzar en el camino de construir la ilusión y a nosotros mismos.

¿QUÉ RELACIÓN TIENE EL CONCEPTO *ILUSIÓN POSITIVA* CON LA CONDUCTA HUMANA?

Hace más de cien años, Pávlov descubrió que un **estímulo** provocaba una **respuesta**, es decir, una conducta. Por ejemplo, si dirigimos una intensa luz al rostro de una persona, ésta cerrará los ojos de forma inmediata, o si le mostramos un alimento que le gusta estimulará sus glándulas salivales. De modo que usando el estímulo adecuado se puede provocar una conducta concreta en una persona.

Por otra parte, el psicólogo y pedagogo Thorndike descubrió que las **consecuencias** de una acción también pueden provocar una conducta concreta en una persona. ¿Cómo? La conducta de una persona provoca unas consecuencias inmediatas. Si esas consecuencias son positivas aumenta la probabilidad de que la persona mantenga o repita esa conducta, y, si las consecuencias inmediatas son negativas, disminuye la probabilidad de que se mantenga o repita la conducta.

Y así se forma la cadena Estímulo–Respuesta–Consecuencia de la conducta humana: ante un estímulo, la persona reacciona con una respuesta, y esta respuesta tiene unas consecuencias que pueden mantener esa conducta o extinguirla.

La Ilusión Positiva incluye toda esa cadena de comportamiento, porque...

> ... la Ilusión Positiva es estímulo, es respuesta y es consecuencia al mismo tiempo.

Es un estímulo excelente. Las personas la definen como un «motor» que nos activa para poner en marcha conductas. Y al mismo tiempo actúa como una consecuencia positiva y gratificante, ya que desde el primer momento, y a medida que vamos construyendo la ilusión, ésta nos va aportando satisfacciones inmediatas. Estas satisfacciones o consecuencias positivas aumentan la probabilidad de que continuemos actuando, esforzándonos e implicándonos en la construcción de la ilusión. Tanto las sensaciones estimulantes como las consecuencias positivas que provoca la ilusión nos animan a iniciar y repetir conductas, favoreciendo así que la ilusión se instale en nosotros y, por tanto, en nuestra vida.

¿QUÉ RELACIÓN TIENE EL CONCEPTO *ILUSIÓN POSITIVA* CON EL CRECIMIENTO PERSONAL?

Otro valor que caracteriza la ilusión es su contribución al crecimiento personal.

La persona ilusionada, cuando construye cada paso de su ilusión para lograr que se convierta en realidad, pone en marcha los elementos que componen la ilusión, los que hemos visto en el apartado anterior: elementos cognitivos, emocionales, comportamentales, actitudes, fortalezas, habilidades y narrativa. La psicología estudia todos estos elementos y es reconocida su importancia para el crecimiento personal. Cada día, cada instante en que la persona pone en marcha cualquiera de estos elementos para construir la ilusión, está favoreciendo el aprendizaje de esos elementos, está entrenando cómo usarlos en su pensamiento y en su práctica diaria.

Por tanto, la contribución de la ilusión al crecimiento personal ocurre en el presente y de forma natural. Y, a medida que avanza, persevera e instala la ilusión y sus elementos en su persona, también aumenta la probabilidad de conocerse a sí mismo y a su propio potencial.

¿CÓMO Y CUÁNDO SE USA EL CONCEPTO *ILUSIÓN*?

En el idioma español, la palabra *ilusión* se usa en su acepción positiva y en su acepción negativa de engaño.

Este libro se centra en la acepción positiva de la ilusión desde el análisis, la investigación y la evidencia clínica para entender mejor la vivencia de la ilusión. Se usan expresiones como «vivir con ilusión», «tengo ilusión» o «me hace ilusión». La Ilusión Positiva se aprende desde niños, no solo el concepto, también se aprende la posibilidad de intervenir en la construcción de la ilusión y en la posibilidad de logro.

La acepción negativa de engaño y autoengaño se da en expresiones como «vivir de ilusiones», «iluso» o «de ilusión también se vive». Se usa para referirse a pensar o soñar con algo no necesariamente falso o irrealizable pero sí poco probable. Este uso es común en otros idiomas. En este sentido, Sigmund Freud[23] ponía el siguiente ejemplo para referirse a la ilusión: «Una burguesita que podía acariciar la ilusión de ser solicitada en matrimonio por un príncipe, ilusión que no tiene nada de imposible y se ha cumplido alguna vez».

La palabra *ilusión*, en su acepción positiva, se usa a cualquier edad, en todos los roles y en todas las profesiones, en situaciones personales cotidianas, como en «me hace ilusión hacer pan», o excepcionales, como en «me haría mucha ilusión viajar en globo». La escuchamos en los medios de comunicación: en entrevistas, como por ejemplo a Rafa Nadal o a Rosalía; en redes sociales, como los vídeos de Ter, o en situaciones más solemnes, como los discursos de su majestad el Rey Felipe VI.

Se usa también en publicidad, en textos como: «La ilusión de todos los días», «tu ilusión, nuestro mejor regalo» o «la ilusión lo cambia todo». Aunque se use en publicidad, no se asocia al dinero, es un concepto cultural. Cuando he preguntado a la gente «¿qué es para ti la ilusión?» no he obtenido respuestas que incluyan el término *dinero*. La ilusión se asocia a la vida interior y personal.

La ilusión también se usa como indicador del estado de ánimo. Esto se observa en la vida cotidiana y en la evidencia de la psicología clínica. Cuando las personas dicen «tengo ilusión», refiriéndose a que sienten ilusión en su vida, a que se encuentran realizando ilusiones, usan esta expresión como indicador de estar y sentirse bien. Mientras que, cuando el estado de ánimo es triste, desencantado o deprimido, una forma de expresar ese bajo estado de ánimo o sentimiento de vacío es diciendo que no tienen ilusiones.

También sirve para expresar algo especial para la persona, como un valor extra. Se usa cuando la ilusión convierte en algo extraordinario cualquier acto cotidiano, por el sentido que le da la persona, por la historia personal que lleva asociada y las emociones que provoca: «Me hace una especial ilusión escribir con este lápiz de dos colores que me regaló mi abuelo cuando yo era un niño».

¿QUÉ ILUSIONES TIENEN LAS PERSONAS?

Las personas tienen un gran abanico de ilusiones. Pueden ilusionarse por muchas cosas, por muy variadas historias, pequeñas o grandes, presentes o futuras, individuales o grupales. Y es importante saber que no a todas las personas les ilusiona lo mismo. Cada persona, según su edad y su experiencia personal con la propia ilusión o con su vida en general, tiene unas u otras ilusiones.

Cuando pregunto a la gente –alumnos, pacientes, clientes, lectores o asistentes a conferencias u otras actividades– por sus ilusiones presentes o por las ilusiones que han tenido a lo largo de su vida, suelen coincidir en muchas de ellas. Presento aquí las que nombran con mayor frecuencia. Son ilusiones muy relacionadas con la vida y que van añadiéndose a medida que se van cumpliendo años:

- Los Reyes Magos.
- Celebrar los cumpleaños.
- Cuando conozco a un/a chico/a que me gusta.
- Aprender a…
- Viajar con amigos.
- Mi primer coche.
- Mi primer trabajo.
- Mejorar en lo profesional.
- El día de mi boda.
- Crear una familia.
- Cuando nació mi hijo.
- Ver crecer a mis hijos.
- Preparar una sorpresa o detalle para alguien.
- Compartir cosas y experiencias con familia y amigos.
- Ayudar.
- Tener nietos y compartir experiencias con ellos.
- Iniciar estudios.

- Hacer actividades, como practicar un *hobby*, conducir una moto o trazar y lograr proyectos. Vivir la vida y disfrutar con lo que hace feliz.
- Etcétera.

La lista de ilusiones puede ser infinita: incluye ilusiones personales, familiares, laborales, sociales, culturales, deportivas, con la naturaleza, etcétera. Se observa que unas ilusiones son cotidianas y se convierten en realidad en el presente y futuro inmediato y otras son proyecto de futuro a más largo plazo. Hay una lista interminable de cosas y experiencias que pueden ser ilusionantes para las personas. Todas son y tienen que ver con la vida. Y todas tienen en común que son proyecto personal, son una proyección de la persona hacia adelante y que tiene que ver, en la mayoría de las veces, con personas, y siempre con la acción.

Pero, aunque nos podemos ilusionar por una lista interminable de cosas, no nos ilusionamos por cualquiera. El filósofo Julián Marías[24] comentó que nos ilusionan sobre todo las personas, así como aquello que, sin ser persona, tiene carácter personal, y también las cosas cuando se incorporan al proyecto propio. Por ejemplo, en el caso de que una persona tenga ilusión por un coche, no es la ilusión por el coche como tal, sino por lo que va a vivir con el coche.

Más que las cosas en sí, lo que ilusiona es la vida que proyectamos a partir de esas cosas, la experiencia que vivimos con ellas y que compartimos con otras personas.

En los siguientes apartados continuaremos aprendiendo otras propiedades de la Ilusión Positiva que tienen un gran valor psicológico. Todas ellas y los cambios que provocan forman parte del comportamiento del ser humano, son estudiadas por la psicología y sabemos que tienen una relación directa con el proceso de desarrollo psicológico de las personas, activan su potencial y favorece que mejoren sus vidas.

Bienvenido a descubrir los valores de la Ilusión Positiva.

LA *ILUSIÓN POSITIVA* NOS CAMBIA EL PRESENTE

Descubramos a través de la ilusión lo que ya somos
y lo que nos gustaría ser.

LA *ILUSIÓN* NOS CAMBIA EL PRESENTE

Es importante saber que la Ilusión Positiva no viene sola, trae consigo todo su valor, con todos los elementos que la componen. Es por eso que la ilusión cambia el presente: en el mismo instante en que la persona conecta con la «chispa» de la ilusión, se impregna, cuerpo, mente y espíritu, de sus propiedades, y siente alegría interior, energía, mente abierta y ganas de avanzar. Hasta los niños son conscientes de estas sensaciones. Un ejemplo de ello es cuando el año anterior a la pandemia pregunté en escuelas de la Comunidad de Madrid[25], a niños y niñas de primero a sexto de primaria (entre seis y doce años), «¿qué es la ilusión?» y contestaron esto:

- «Es alegría».
- «Es entusiasmo».
- «Es estar feliz».
- «Es una emoción».
- «Es un sentimiento».
- «Es hacer cosas».
- «Es viajar».
- «Es jugar».

- «Es hacer una fiesta de cumpleaños».
- «Es ir por primera vez a Extremadura a casa de mi abuelo y montar a caballo».
- «Es una sorpresa».
- «Es una aventura».
- «Es tener ganas de hacer».
- «Si no se cumple y te desilusionas, mañana puedes hacer lo mismo para conseguir la ilusión que quieres».
- «La ilusión es creer algo o tener algo».
- «Es imaginar algo que quieres que pase y, si no, te esfuerzas para conseguir esa ilusión».
- «Es hacer algo que te gusta y que te emociona y que a veces termina en una pesadilla».
- «Es estar con familia».
- «Es ir a casa de los abuelos».
- «Es estar con mi hermanita».

Y, finalizando la pandemia, aún con mascarilla la mayoría de las personas, seguí preguntando a niños de distintos pueblos de la misma Comunidad[26]. Estas fueron algunas de sus respuestas:
- «Abrazar». (5 años).
- «Es ser feliz, una emoción fuerte que me da mucha alegría». (8 años).
- «Alegría. Ganas. Emoción». (9 años).
- «Vivir con entusiasmo, deseando mucho algo. Estar nerviosa y alegre». (10 años).
- «Es una sensación que te transmite alegría y felicidad. Es el motor interno que nos ayuda a vivir». (11 años).
- «Es la batería de la vida, te da energía para vivir y descubrir más allá de lo normal». (11 años).
- «Es un fenómeno mental que ocurre en un momento determinado». (11 años).

- «Sentimiento de creer que algo puede suceder por muy difícil que parezca». (12 años.)
- «El deseo de conseguir algo casi inalcanzable (dibuja un corazón)». (13 años).

Y en el mismo día y lugar pregunté a personas mayores. Estas son algunas de sus respuestas:

- «Una cosa muy bonita. Vivir cada día». (84 años).
- «Estar con toda la familia». (75 años).
- «Las ganas de vivir, disfrutar, hacer el bien, ayudar y gozar». (74 años).
- «Es la energía de la vida». (74 años).
- «Es difícil definirla. Es innato, es un atributo humano inherente a él mismo y que no se puede perder nunca». (73 años).
- «Lo más importante de la vida». (72 años).
- «¡Una energía que te ayuda a vivir! Con ella todo se puede alcanzar de forma más fácil o más difícil, pero con ganas». (70 años).
- «¡Un motivo para vivir!» (65 años).

Hay personas que piensan que las ilusiones son para la juventud y que con la edad desaparecen. Y también personas que piensan que en tiempos y momentos difíciles no cabe la ilusión. Pero los resultados de la investigación nos han contado otras cosas que coinciden con estas respuestas de niños y mayores antes de la pandemia y después de haber vivido una pandemia. La ilusión no tiene edad ni es exclusiva de una época o situación concreta. La entendemos y la vivimos desde la infancia. Aunque es un concepto abstracto, se transmite y se contagia. Es muy importante educar en Ilusión Positiva, porque al vivirla nos aporta sus características y su valor psicológico. En las páginas siguientes lo vemos.

La ilusión aporta a las personas cuanto lleva consigo. Es muy generosa con las personas. Si le diésemos un rol en una historia de ficción, sería ese personaje que interviene en la historia para ayudar al héroe, avivar su potencial y sacar lo mejor de él. Sería el personaje que impregna al héroe de actitud positiva y energía para que se sienta más fuerte psicológicamente. Y no solo eso: es tan generosa que le surte de todas sus características contagiándole su propio estilo y perfil de personalidad. Y, una vez que el héroe ha cambiado, el personaje de la ilusión le proporciona «antígenos» para que se proteja de los obstáculos y de consecuencias de las adversidades con las que se encuentre, para que actúe con más tranquilidad, conectando mejor con la vida, con la esperanza y con la «magia» de *hacer* para *lograr*. Toda esta transformación, conseguida en su presente, en su día a día, se convertirá en recuerdo que le acompañará para siempre.

En la vida real, cuando las personas están ilusionadas, es muy similar a esta historia de ficción. La ilusión aporta todos los elementos que la componen y sus características.

Si somos conscientes de qué nos aporta la ilusión podemos aprender a vivirla con más atención, disfrutar mejor cada instante con ella y conocernos mejor.

LA *ILUSIÓN* NOS CAMBIA EL FUTURO

Pero… ¡la ilusión no solo es presente! ¡También es una llave que nos abre una puerta hacia el futuro! Provoca una reacción en el interior de las personas que las activa para cambiar su futuro. Despierta en ellas otra forma de vivir, de crear mundo y de resistirse ante la caída: activa sus cualidades. Facilita que descubran talentos que tenían ocultos y anima a usarlos. Se sienten motivadas a aprender nuevas habilidades para lograr convertir su ilusión en realidad. Se dan la oportunidad de ver más allá y verse construyendo su futuro. Se convierten en personas ilusionantes capaces de seguir ilusionándose a sí mismas y capaces de ilusionar a otras personas. Se sienten bien, construyen el presente y el futuro que imaginan y que quieren vivir. Le dan otro sentido a las cosas y a las experiencias que viven. En definitiva, la ilusión es vida y transforma la vida que vivimos.

La ilusión, además de ser generosa en el presente, también es muy generosa con nosotros preparándonos para el futuro. Si la ilusión fuese un personaje en una historia de ficción, observaríamos que no únicamente se ocupa del héroe ayudándole en el momento presente, también le prepara para afrontar el futuro. Le enseña al héroe lo que sus ojos todavía no ven. Le prepara para dar un paso más allá de lo dado, de lo conocido por el héroe hasta ese momento. ¿Cómo lo hace? Muy sencillo, la ilusión es de mente abierta y le ofrece al héroe la posibilidad de visualizar su destino. Pero al mismo tiempo es exigente y le desafía a crear el guion. Le desafía a hacer las cosas de forma diferente a como las hacía hasta ese momento, con el objetivo de que transforme la vida que vive. ¡Le PROVOCA! Es entonces cuando el héroe descubre su libertad para crear. Y aunque haya dificultades y tenga pensamientos pesimistas (suyos propios o de los personajes que le rodean) se siente con ganas y capaz para pensar un plan y elegir las estrategias que le ayudarán a cumplir su misión. Se siente automotivado para actuar, con fuerzas, como si tuviese alas. Y no dudará en ejercer su libertad. Cuando llega ese momento, el personaje de la ilusión sonríe y los ojos del héroe brillan.

En la vida real, cuando las personas están ilusionadas, es muy similar. La ilusión les ¡PROVOCA! y ¡DESPIERTA! cualidades y talentos personales que en muchas ocasiones estaban dormidos o permanecían ocultos sin haber visto la luz.

Si somos conscientes de cuánto nos provoca la ilusión para el futuro podemos aprender a vivirla con más atención, disfrutar más y mejor cada instante con ella, y conocernos mejor.

Veamos en las siguientes páginas por qué la Ilusión Positiva nos cambia el presente y el futuro.

NOS CONECTA CON LA VIDA

Si es usted una persona que alguna vez ha estado ilusionada o lo está ahora mismo, sabrá que la Ilusión Positiva, sin forzar, con naturalidad, conecta su mundo interior con el mundo exterior. Conecta el presente que vive con el futuro que está imaginando, que está construyendo y que quiere convertir en realidad en su mundo exterior.

Y también sabrá, como muchas personas que han vivido la ilusión, que la ilusión da la oportunidad de desconectar[27] del mundo exterior para conectar con su mundo interior. Da la oportunidad de desconectar del mundanal ruido, de la corriente que le lleva como autómata, del aburrimiento, de esa rutina que le convierte en marioneta corriendo sin parar, pero sin vislumbrar horizonte alguno, ni saber dónde va… Para conectar con lo más profundo de uno mismo y desde ahí imaginar lo que quiere *hacer* y *ser*.

Cuando estamos ilusionados conectamos con la vida:

- Con nosotros mismos, con nuestras ideas, fantasías, pensamientos, emociones, fortalezas, valores, actitud y actos.

- Con las personas que forman o formarán parte de nuestra ilusión.
- Con el mundo, el que es y el que vamos a transformar con nuestra ilusión.

NOS IMPREGNA DE SU ACTITUD POSITIVA

La Ilusión Positiva se aprende, pero no de una forma académica, escuchando y tomando apuntes; se aprende de la evidencia, de forma práctica, viendo, sintiendo. Se contagia al ver a otras personas ilusionadas o al formar parte de sus ilusiones o de las ilusiones que crean para nosotros. Por ejemplo: el profesor no enseña a sus alumnos la ilusión por las matemáticas, la contagia; la familia no enseña qué es la ilusión por celebrar un cumpleaños, la contagia; un amigo tampoco enseña, si no que contagia su ilusión.

¿Nos contagiaron alguna vez la ilusión? ¿Contagiamos ilusión nosotros a alguien?

La ilusión se aprende, se contagia, se experimenta, se vive. Es vida. Si la persona está atenta a la ilusión y la sigue con su mirada, con su corazón, se impregna de ella y de su actitud. Porque la Ilusión Positiva es más que una emoción, es más que un hacer, es una actitud. Una actitud ante el presente, ante el futuro, ante el potencial de sus propias capacidades, ante el esfuerzo y la perseverancia, ante el proyecto que tiene la persona. En definitiva, la ilusión es una actitud que predispone a actuar de forma positiva ante situaciones, valores y ante nosotros mismos.

Cuando estamos ilusionados estamos contagiados de una actitud positiva que aprendemos y entrenamos para la vida y para nosotros mismos.

NOS LLENA DE ENERGÍA Y FUERZA PSICOLÓGICA

Vivir con ilusión aporta un cambio en la manera de vivir. Influye en los pensamientos, las emociones y la salud. Todas las personas que han vivido algún momento con ilusión lo afirman.

Cuando las personas están ilusionadas, sus pensamientos, creencias y expectativas son optimistas, fluyen hacia la ilusión que han imaginado para convertirla en realidad.

Las emociones que viven son agradables, las sienten muy positivas y les da vitalidad: alegría, esperanza, entusiasmo, felicidad, gratitud, optimismo, orgullo, satisfacción...

Se ha demostrado con estudios[28] que estas emociones y pensamientos optimistas se relacionan de forma positiva con la salud. No hacen inmunes a las personas, pero las mantiene psicológicamente más fuertes. Las ayuda a tener una actitud más positiva ante sí mismas para afrontar la vida de manera más saludable.

Cuando estamos ilusionados sentimos la energía y la fuerza de la ilusión en cada paso. Y paso a paso vamos alcanzando destinos para convertirla en realidad.

NOS SURTE DE LOS ELEMENTOS QUE LA COMPONEN

En el año 2011 hicimos el primer estudio de la ilusión. Preguntábamos: «*¿Qué es para ti la ilusión?*». Las personas que participaron nos hicieron un maravilloso regalo: había casi tantas respuestas diferentes como personas. Para cada persona la ilusión significaba una cosa. Algunas incluían un elemento, como «la ilusión es alegría», o «es esperanza». Otras incluían dos o más elementos, como «la ilusión es la fuerza que impulsa un proyecto», «es un estado emocional que te da energía para progresar», «es imaginar, pensar cómo será ese momento que está por venir» o «es levantarme cada día, ver sonreír a mis hijos, ir tras las expectativas».

La Ilusión Positiva incluye elementos relacionados con la acción (ponerse en marcha, constancia, perseverancia...), con la emoción (alegría, entusiasmo, felicidad...), con el pensamiento (imaginación, plan de futuro...), con la actitud, con las fortalezas y las capacidades, con las personas, con el relato ilusionante, con el tiempo y el espacio en el que se desarrolla y con los recursos[29]. Es un gran abanico de elementos.

Cuando estamos ilusionados tenemos la misma composición
y esencia que la ilusión. Somos ilusión.

NOS CONTAGIA SU PERFIL

A medida que las personas van conectando con la ilusión les va contagiando características y valores de su perfil. Tras años de estudio preguntando a las personas y analizando el concepto *ilusión*, al describir el perfil de la *Ilusión Positiva* puedo afirmar que incluye un conjunto de rasgos, habilidades, destrezas y fortalezas peculiares que le dan un carácter excepcional y muy recomendable, porque abarca las tres áreas de comportamiento de una persona: pensamiento, emoción y acción. La *Ilusión Positiva* es:

PROACTIVA	PENSATIVA	EMOTIVA
Intencionada	Estratega	Juguetona
Habilidosa	Evaluadora	Apasionada
Voluntariosa	Libre	Alegre
Perseverante	Creativa	Fuerte
Resuelta	Ingeniosa	Une y nos une
Predictiva	Íntima/personal	Se involucra
Motivadora	Inspiradora	Entusiasta
Decidida	Prudente	Empática
Emprendedora	Asertiva	Resiliente
Poderosa	Optimista	Valiente

Cuando estamos ilusionados nos comportamos
(pensamos-sentimos-hacemos) como la mismísima
ilusión en persona.

NOS PROPORCIONA «ANTÍDOTOS» PROTECTORES

Cuando las personas están ilusionadas, la ilusión actúa como un alimento para su cuerpo, mente y espíritu. Les aporta los elementos que la componen –elementos cognitivos, emocionales, de acción, actitudes, valores, fortalezas, habilidades y formas de contarse la ilusión y la vida que quieren vivir–. Estos elementos las reconforta. Y también actúan como factores de protección al proporcionarles recursos que les protegen y ayudan a enfrentarse a las dificultades que acompañan a la ilusión que tienen y a su vez a las dificultades de la vida.

La Ilusión Positiva proporciona alegría, felicidad, esperanza, optimismo…, «antídotos» que funcionan como factores de protección de la tristeza, desesperanza, pesimismo o depresión.

Proporciona fuerza, energía, vigor, perseverancia…, «antídotos» que funcionan como factores de protección de la apatía, de la pasividad, del desánimo.

Proporciona historia personal, un sentido a la vida, a los hechos cotidianos vividos, un significado…, «antídotos» que funcionan como factores de protección del vacío existencial.

Proporciona valores, afán de logro, autonomía, autoestima…, «antídotos» que funcionan como factores de protección del sentimiento de inseguridad en nosotros mismos y de la impotencia que nos frena.

Cuando estamos ilusionados avanzamos más resistentes
y somos más resilientes.

NOS TRANSMITE TRANQUILIDAD.
NOS TRANSMITE LEVEDAD

La ilusión es ¡excitante!, ¡emocionante!, ¡estimulante!, ¡efervescente! Y al mismo tiempo transmite tranquilidad y paz interior. Porque:

- No es correcta o incorrecta, es otra cosa.
- Tiene sus propios valores.
- Es personal.
- Es privada.
- Es única para cada persona en particular. La construye a su medida y la vive a su ritmo y a su manera.

La ilusión está compuesta por muchos elementos y en ese sentido es un peso pesado de valores, pero al mismo tiempo transmite levedad, no pesa sobre las personas. Porque:

- No lleva el peso de la obligación de hacer algo que no les apasiona.
- Ni metas a largo o corto plazo exigidas por terceras personas.
- Ni órdenes sin motivación.
- Ni agendas estresantes sin tiempo.

Con Ilusión Positiva los proyectos surgen de forma natural desde lo más profundo de cada persona. Todo parece más sencillo: más ligero el esfuerzo y más fácil el logro. Porque tiene su propia historia, su propio tiempo y va más allá de la mera motivación.

Cuando estamos ilusionados tenemos la tranquilidad de elegir
libremente la ilusión que queremos vivir, sin presión ninguna,
sin peso que nos frene ni hunda.
La sensación es de abrir las alas y volar.

NOS DA ESPERANZA

La esperanza es esa luz que alumbra la oscuridad, ese mástil al que nos aferramos cuando no tenemos nada o creemos que está todo perdido, ese estado emocional que nos permite luchar para seguir adelante o esforzarnos para resistir y esperar. Nos hace capaces de hacer cosas que nos parecen imposibles. Inspira a las personas a hacer cosas extraordinarias para la salud, la ciencia o las relaciones humanas. Es la fe en que, si hay una mínima posibilidad de tener éxito, sigamos viéndonos capaces de cambiar las cosas.

Los psicólogos Seligman y Peterson incluyeron la esperanza entre las veinticuatro fortalezas humanas. Forma parte –junto con el optimismo, la proyección hacia el futuro, la gratitud, la espiritualidad o la fe– de la virtud que llamaron Transcendencia, muy importante por proveer de significado a la vida.

En el estudio *¿Qué es la ilusión?*, el ochenta por ciento de personas asocia la ilusión a la esperanza con un valor medio de 8 puntos en una escala de 0 a 10 puntos[30]. La Ilusión Positiva está ligada a la esperanza, tanto que forma parte de la definición de ilusión del diccionario de la RAE: «Esperanza cuyo cumplimiento parece especialmente atractivo». La Ilusión Positiva es esperanza, infunde esperanza y alimenta la esperanza en las personas.

Cuando estamos ilusionados vivimos con esperanza
y tenemos la firme convicción de no perderla.

NOS ROCÍA CON SU MAGIA

Un día, cuando todavía son niños, algunos se encuentran con la ilusión. La ven. La conocen. La viven. Unos piensan «¡es magia!», y otros incluso piensan «¡yo quiero esa magia para mí!».

Los magos de la ficción, como Harry Potter, y los del mundo real, como el gran Houdini o los españoles Luis Boyano[31] y Jorge Blas[32], tienen algo en común: afirman que la magia hay que trabajarla. No hay medias tintas. Es sí o no.

¿Quieres la magia de la ilusión o no quieres la magia de la ilusión? Si la respuesta es *sí*, no esperes, ve a por ella y dile «sí, quiero». La Ilusión Positiva es casi mágica por todos los elementos que la componen y su poder de transformar. Tiene la magia de unir pasado-presente-futuro…, de ver lo que los ojos aún no ven…, de unir fantasía y realidad…, de unir a las personas…, de la fe de creer en ella y en uno mismo…, de transmitir sus cualidades…, la magia de cuanto la persona haya observado al encontrarse con ella.

Cuando estamos ilusionados la ilusión nos rocía con su magia. Sus elementos son como gotas de rocío que nos empapan y convierten en personas mágicas, en hadas, en magos de la ilusión en la vida cotidiana.

NOS REGALA
SÓLIDOS RECUERDOS

Al principio, la ilusión es etérea, una idea que revolotea como el viento. Luego va tomando forma, va aterrizando, se va hilvanando a la tierra, se aferra, se torna sólida. Pasa el tiempo y su recuerdo es permanente.

Las personas mantienen vivas en la memoria las imágenes de las ilusiones del pasado. Recuerdan las historias de ilusiones concretas: qué ilusiones fueron, con quién, las anécdotas, los contratiempos y en qué se convirtieron en realidad. Recuerdan la pasión con la que vivieron la ilusión, las aspiraciones y los deseos que la acompañaban. Y también recuerdan qué hicieron para convertirla en realidad, qué habilidades propias emplearon y el valor que tuvieron para ir a lograrla.

Todos estos recuerdos son tan sólidos que cuando la persona los recuerda revive las emociones que sintió entonces[33] y le resulta casi tan palpable cómo cuando estaba ilusionada[34].

Cuando estamos ilusionados vivimos intensamente
el presente y construimos futuro.
Y también construimos recuerdos que nos acompañarán
en el futuro y nos recordarán quién y cómo éramos
para seguir siendo.

NOS ABRE CAMINO HACIA NUESTRO DESTINO

Todos tenemos derecho en la vida a un destino abierto. Y la ilusión abre camino hacia ese destino. Abre camino para ejercer la característica que diferencia a los seres humanos de todos los seres vivos de la tierra: la capacidad de proyección. Es la capacidad de imaginarse más allá del momento presente. Por eso el ser humano puede imaginarse haciendo, siendo y transcendiendo.

Pero no todos deciden imaginar y perseguir el destino. Por suerte, la ilusión sí. La ilusión va dos pasos, o más, por delante de nosotros, avistando el destino en el horizonte, el escrito y el que está por escribirse. Es la brújula que ayuda a llegar hasta allí.

Las personas ilusionadas ven con los ojos de la ilusión más allá de donde están. Sienten su energía alegre y optimista acompañándolas en la aventura que van a iniciar. Son perseverantes en el camino. Despiertan el ingenio, la creatividad. Piensan estrategias para avanzar y también para afrontar los obstáculos del camino hacia su destino.

Cuando estamos ilusionados
abrimos caminos para alcanzar la ilusión que perseguimos.
Escribimos destino.

NOS DESAFÍA
A CREAR UN GUION

Cuando las personas van a hacer algo nuevo no cuentan con un guion tradicional y establecido, y esto puede que les asuste. No saber qué se van a encontrar o qué va a pasar les produce ansiedad. Es una respuesta natural. El miedo forma parte de la naturaleza del ser humano: nacemos con esa emoción primaria, que nos predispone a presentar un estado de alerta ante lo desconocido, y en esas situaciones en que intuimos peligro reaccionamos con una conducta de afrontamiento o de escape.

Cuando las personas tienen una ilusión que las lleva a dar un paso más hacia delante de donde están, se encuentran ante una situación nueva y no cuentan con un guion establecido. Se encuentran ante un futuro incierto al mismo tiempo que ante un reto que aceptan: el de crear un guion, una historia sobre sí mismas y de la ilusión que quieren convertir en realidad. La Ilusión Positiva ayuda a crear un guion personal con una estructura típica de un acto dramático: un inicio o planteamiento de la ilusión, un nudo o desarrollo en el que aparecerá los obstáculos a los que enfrentarse para construir la ilusión, y un desenlace o resolución que desvelará si ha conseguido lograr su ilusión. Pero su tarea no acaba ahí, el guionista, también tiene el reto de analizar qué funciona y qué no funciona en el guion para que la historia sea sólida. La Ilusión Positiva ayuda a explorar posibilidades, a trazar nuevos caminos y a producir uno o más resultados. En definitiva, ayuda a las personas a crear un buen guion. Y, por tanto, ayuda a construirse a sí mismas.

Cuando estamos ilusionados surge en nosotros la sensación de necesidad y la exigencia entusiasta de dar un paso más hacia adelante.

NOS MOTIVA A RELEER, REESCRIBIR Y TRANSFORMAR EL MUNDO

En la vida ocurren hechos. Sabemos por la filosofía y la psicología que la persona percibe el hecho, hace una interpretación personal del hecho percibido y aporta un resultado y/o conclusión. Es un proceso en cadena:

Hecho→Percepción→Interpretación→Resultado/Conclusión

Pero la percepción y la interpretación de las personas no siempre coinciden, pueden ser diferentes ante un mismo hecho. La misma realidad objetiva puede ser percibida de dos maneras distintas, como indicó la psicología de la percepción[35]. Incluso esforzándose dos personas en ser objetivas a veces ocurre que lo que tú ves no es lo que veo yo y lo que veo yo no es lo que tú ves. Los hechos de la vida generan preguntas en las personas: ¿qué vemos en la vida?, ¿y en cada momento?, ¿cuál es mi verdad?, ¿cuál es tu verdad?, ¿con qué actitud respondemos?, ¿cómo lo afrontamos?, ¿nos ilusionamos? Con la Ilusión Positiva esas mismas preguntas tienen otras respuestas, porque las personas con ilusión ven diferente la realidad que viven, de una manera más positiva, constructiva e interactiva.

Cuando estamos ilusionados nuestra percepción
cambia y releemos la experiencia que vivimos.
Nuestra interpretación cambia y reescribimos
nuestra historia. Y así transformamos nuestra vida
y el sentido que le damos.

NOS PERMITE
ENTENDER LA VIDA DE OTRA MANERA

Muchas personas, cuando responden a la pregunta «¿qué es para ti la ilusión?[36]», dicen que la ilusión es lo que da sentido a la vida. Se puede estar de acuerdo o no con esa respuesta, pero lo cierto es que hay que admitir, por la evidencia observada, que no se vive igual con ilusión que sin ella.

La ilusión convierte a las personas en protagonistas de la historia ilusionante que han imaginado y de la transformación que experimentan. Con ella les es más fácil llamar a las puertas del futuro que quieren y menos difícil enfrentarse a los temores.

Les permite entender. Entender para cambiar. Y cambiar para vivir. Les ayuda a dar sentido a lo que viven o van a vivir, a lo que son o van a ser. Y esto les ayuda a entender su importancia como personas en cada instante en que están construyendo la ilusión, entender mejor la intensidad del momento que están viviendo y la transcendencia que tendrá en el futuro.

Cuando estamos ilusionados no somos meros espectadores, ni simplemente pasamos por la vida, somos pieza clave de nuestra vida y de la vida de otras personas. Vivimos la vida.

NOS ESTIMULA. NOS DESPIERTA
LA MOTIVACIÓN INTRÍNSECA

Las personas asocian la ilusión a tener ganas: a sentirse con ganas que le motivan, que le impulsan, que le estimulan. La asocian a tener ganas de vivir. La equiparan a un motor de vida[37]. Las personas saben que es así, porque es su propia experiencia, cuando han vivido con ilusión. ¡Sí! La Ilusión Positiva estimula por dentro y de dentro hacia fuera.

Desde la psicología observamos que la Ilusión Positiva actúa como un estímulo interno. Cuando la persona está ilusionada siente la ilusión en su interior: siente las emociones y sentimientos positivos que le provoca, siente cómo emergen los pensamientos emprendedores, siente ganas de pasar a la acción. Es lo más parecido a la motivación intrínseca (automotivación): cuando la persona se motiva a sí misma y no necesita de la motivación externa. Y la ilusión, como veremos en el siguiente capítulo, abarca más áreas que la motivación[38]. Es como un surtidor de burbujas estimulantes. Es muy importante en la vida, porque piensen ustedes cómo se sentirá una persona ilusionada por sus estudios, por su trabajo, por sus relaciones o por la vida.

Cuando estamos ilusionados nos sentimos automotivados, con pasión y alegría con lo que hacemos y vivimos, con nuestro presente y nuestro futuro.

NOS ANIMA A JUGAR Y MANTENER NUESTROS ROLES Y A CREAR NUEVOS

Los roles acompañan constantemente a las personas. Desde el preciso instante de nacer ya tienen el rol de hijo/a, nieto/a, hermano/a, sobrino/a, etc. Crecen y van adquiriendo roles: alumno/a, amigo/a, pareja, profesional, padre/madre, abuelo/a, jubilado/a…

Y también, desde la niñez y la fantasía, practican el juego de roles. En solitario o en grupo juegan a roles ficticios: a ser papás y mamás, doctores, espías, policías y ladrones… Y así, «jugando con la ilusión de ser, aprendemos y nos vamos entrenando en vernos de otra manera, en ir más allá de lo dado, en tener éxito, tener fracaso, y/o vivir frustraciones, que nos entrenan para la vida»[39].

La Ilusión Positiva mantiene despierta la posibilidad de seguir jugando con los roles. A veces desde el rol que tenemos surge una ilusión, que ayuda a mantenerlo vivo y feliz, como mi amiga Julia, que desde su rol de abuela sigue construyendo ilusiones para sus nietas. Otras veces desde nuestra ilusión surge un posible nuevo rol, como Luis, que tiene la ilusión de ser actor, además del camarero que es hoy, y va a clases de teatro. Si queremos jugar con nuestros roles, la Ilusión Positiva es una muy buena aliada.

Cuando estamos ilusionados, todos los días vemos oportunidades
para nuestros roles presentes y futuros
y no las dejamos escapar.

NOS ACTIVA CONDUCTAS TRANSFORMADORAS

La Ilusión Positiva transmite a las personas vitalidad: les da un gran impulso, las motiva, las educa, las activa. Consigue que pongan en marcha una cadena de conductas que fomentan y mantienen viva la ilusión. Da vitalidad a las personas, y las personas, con sus conducta,s dan vitalidad a la ilusión. Es recíproco.

Las conductas de la cadena son: HACER ←→ TENER ←→ SER[40]

Cada una de estas conductas está conectada a las otras y cada persona puede saltar de una a otra en el orden que prefiera para ir construyendo la ilusión. Por ejemplo, si tiene la ilusión de *ser* dibujante, ocurre que si va *haciendo* dibujos → va *teniendo* conocimientos y experiencia y → se va transformando en el/la dibujante que quiere *ser*. O, en otro orden: si quiere *ser youtuber* y → va *teniendo* experiencia y → va aumentando la posibilidad de *hacer* vídeos con temas y personas que le ilusionen y de *ser* el *youtuber* que había imaginado. Y así, sucesivamente, con todas las actividades que quiera. Todas estas combinaciones de SER-HACER-TENER transforman el presente, a la persona y su futuro. La Ilusión Positiva activa, combina y transforma.

Cuando estamos ilusionados somos agentes transformadores.

NOS MUESTRA UN GRAN LUGAR
PARA PROTEGERNOS DEL PESIMISMO

Sí, la Ilusión Positiva es una buena opción para mantenerse a salvo del pesimismo, de la depresión, de la negatividad, de la oscuridad.

Las personas pesimistas tienden a ver la parte negativa de las cosas que aún no han sucedido. Las optimistas también ven la parte negativa, pero propenden a ver y juzgar las cosas en su aspecto más favorable y tienen confianza en sus capacidades para afrontar los problemas que puedan surgir. La Ilusión Positiva es optimista. Por sus características es un «antídoto» del pesimismo y de la depresión. En lugar de aferrarse a la negatividad, elige los pasos que la animan, que le permiten seguir hacia adelante y alejarse de la oscuridad.

Su «luz» permite ver los posibles obstáculos; también buscar con afán las posibles soluciones y así ofrecer una alternativa a los pensamientos que únicamente empujan hacia el pesimismo.

Cuando estamos ilusionados mantenemos nuestra mirada atenta
a la luz de la ilusión, que es nuestra propia luz.
Y reaccionamos con optimismo.

NOS ENTRENA
A PENSAR POR NOSOTROS MISMOS

Para tener ilusión hay que pensar: hay que imaginar, fantasear, soñar, reflexionar, discurrir, cavilar el futuro. La ilusión nace y vive en la mente.

He visto algunas personas que no piensan en ella: no le dedican espacio, no la incluyen en su agenda, están ocupados en otras cosas; o personas que no se atreven, les da vértigo y miedo; o les da pereza, les supone mucho esfuerzo; o personas que creen que es perder el tiempo. Es una lástima, pierden una oportunidad gratificante para entrenarse a pensar.

Pensar una Ilusión Positiva es un ejercicio mental. Es un proceso creativo, de gestión de competencias y logística. La persona tiene que pensar una ilusión, idear y diseñar la estrategia a seguir, explorar qué recursos personales tiene que activar (habilidades, fortalezas, actitud), qué recursos externos intervendrán (lugar, tiempo, personas que participan) y a qué obstáculos e incertidumbres se va a enfrentar. Hay que elaborar todo un plan, cada paso, hasta el final.

Cuando estamos ilusionados de forma natural nos entrenamos a
pensar: a diseñar proyectos y analizar experiencias de vida.

NOS DESCUBRE
LA LIBERTAD PARA CREAR

En el interior de cada persona existe un lugar sagrado donde reina el silencio, donde habita la luz, donde guarda su conocimiento y saber, donde surge el instinto, donde vuela la asociación de ideas y culmina con la toma de decisiones. Ahí, en ese lugar, todo se une, se mezcla y fluye[41]. La persona crea.

Al imaginar…,

diseñar…,

construir…,

crear una ilusión…

…nada está establecido, todo puede modificarse…

La Ilusión Positiva es un entrenamiento de libertad para crear la vida que queremos y podemos vivir. Anima a tener cuidado, a no permitir que esa vida quede oculta por la fuerza de condicionantes externos.

Cuando estamos ilusionados,
entramos en ese lugar sagrado, donde pensamientos, emociones y
acción fluyen con libertad para crear futuro. Nos sentimos libres
para avanzar.

LA *ILUSIÓN POSITIVA* AUMENTA LO PSICO-POSITIVO Y DISMINUYE LO PSICO-NEGATIVO

EL VALOR PSICOLÓGICO DE VIVIR CON *ILUSIÓN POSITIVA*

Coincido con el filósofo Julián Marías cuando dice que «la ilusión es un acto dramático». Y puedo concluir, a partir de los datos estudiados desde la psicología –algunos de ellos contados en el primer capítulo–, que:

> La Ilusión Positiva es una historia que diseñamos en nuestra imaginación, que nos emociona y que vamos transformando en realidad a medida que vamos pasando a la acción. Y esta historia y acción despierta, activa, pone en marcha múltiples comportamientos cognitivos, emocionales y comportamentales que nos ayudan a crecer y perfilan el estilo de persona que somos.

Por tanto, la Ilusión Positiva es una historia que activa el cerebro, conecta el cerebro y el «corazón» al despertar emociones, y conecta con el cuerpo entero al estimular la acción. La Ilusión Positiva pone en marcha cuerpo, mente y espíritu.

En este capítulo voy a exponer el valor psicológico que supone vivir con ilusión por todas las características que hemos visto en capítulos anteriores que aporta la ilusión a la persona ilusionada cuando vive y construye su ilusión, cuando pasa a la acción y empieza a dar pasos para convertir en realidad esa historia ilusionante que ha imaginado. La Ilusión Positiva aumenta las características Psico-positivas y disminuye las Psico-negativas.

Una característica de suma importancia de la Ilusión Positiva es que se relaciona directamente con otros conceptos psicológicos investigados por la psicología. Veamos aquí la relación directamente proporcional y la relación inversamente proporcional entre cada uno de los conceptos psicológicos y la Ilusión Positiva (I+) que he ido investigando hasta este momento: (Ver Tabla figura 2).

(I+) Aumenta Psico-Positivo & (I+) Disminuye Psico-Negativo

(+) Entrena Proporcional (Acción / Actitud)	(+) Entrena Proporcional (Pensamiento y Emoción)	(-) Entrena inversamente proporcional
Motivación	Autoestima	Depresión
Voluntad	Auto-concepto	Frustración
Resiliencia	Optimismo	Indefensión aprendida
Creatividad	Elevación	Vacío
Fluir	Empatía	Sin sentido
Asertividad	Mindfulnes	Procrastinación

Fig.2. Tabla de Relación: La (I+) entrena y aumenta de forma directamente proporcional conceptos psicológicos positivos & La (I+) entrena y disminuye de forma inversamente proporcional conceptos psicológicos negativos.

LA *ILUSIÓN POSITIVA* NOS ENTRENA PARA LA ACCIÓN Y LA ACTITUD

La Ilusión Positiva tiene una relación directamente proporcional con conceptos psicológicos relacionados con la acción y la actitud de las personas. ¿Por qué? Porque, a medida que la persona pone en marcha una Ilusión Positiva, al mismo tiempo pone en marcha y entrena la motivación, la voluntad, la resiliencia, la creatividad, el *flow* (fluir) y la asertividad.

Veamos con más detalle cada uno de estos conceptos y su relación con la ilusión. (Ver primera columna de la Figura 2).

ILUSIÓN POSITIVA Y MOTIVACIÓN

La motivación es un concepto muy estudiado por la psicología. Dada su importancia y relación con la conducta humana, «Wolfle y sus colaboradores dieron a la motivación un papel independiente en el currículum psicológico tanto como un área teórica como un campo de investigación»[42]. Han sido numerosos los psicólogos y los términos que se han usado para definirla. La motivación es un conjunto de factores internos (biológicos, como emociones o necesidad, o mentales, como urgencia, demanda, deseo) y/o de factores externos (ambientales, como incentivos, metas, planes) que determinan en parte las acciones de una persona. Es la causa y la razón que mueve a hacer algo. Por ello motivar incluye: a) dar explicaciones para hacer algo; b) animar a que se haga de una determinada manera; c) estimular para poner en marcha y tener interés por la tarea que se hace.

La investigación de la motivación sigue despertando gran interés en la psicología. Una de las últimas aportaciones es la de la psicóloga Beatriz Valderrama, que ha descrito el ciclo de la motivación:

Necesidad→ Incentivo→ Conducta → Satisfacción → y vuelta a empezar → Necesidad...

Por lo que concluye que «motivar consiste en poner incentivos que despierten en las personas el deseo de conseguirlos, este impulso les lleva a esforzarse y dirigir sus comportamientos para satisfacer sus deseos o metas». Pero no a todas las personas les motivan las mismas cosas, de ahí que en este ciclo concurran motivaciones distintas; por ello diseñó el modelo *La rueda de motivos*, que consiste en los distintos motivos o motores que empujan al ser humano a actuar: Afiliación, Poder, Hedonismo, Seguridad, Conservación, y sus respectivos opuestos Autonomía, Cooperación, Logro, Exploración y Contribución[43]. Psicólogos como el profesor José María Peiró defienden que estar motivados es muy importante y cambia la actitud en la vida personal y laboral[44].

La Ilusión Positiva ayuda a entrenar la motivación, porque cuando una persona está ilusionada está motivada. La ilusión incluye la motivación junto con sus características y propiedades, sobre todo la motivación intrínseca –automotivación que no necesita incentivos ni explicaciones externas–, porque ella misma es la motivación. La ilusión ha sido definida, como hemos visto en los anteriores capítulos, como «motor de vida»[45], y podemos observar que una sola ilusión puede reunir dos o más motores vitales de *La rueda de motivos*. Incluso va más allá de la motivación, porque además de centrarse en el presente incluye la proyección de futuro y va siempre acompañada de emociones positivas, como la alegría, el orgullo, el entusiasmo, etc., durante la realización de la tarea ilusionante.

ILUSIÓN POSITIVA Y VOLUNTAD

La voluntad es la facultad de decidir y ordenar la propia conducta. Desde la psicología sabemos que su falta se relaciona o puede provocar abulia, falta de control de los impulsos, automatismos o déficit en autocontrol.

La voluntad lleva implícito un conjunto complejo de conceptos y conductas:

- Motivación.
- Saber qué quiero hacer y cómo.
- Deliberar entre pros y contras entre lo que es mejor hacer y lo que deseo hacer.
- Toma de decisiones.
- Resolución de problemas.
- Actuar y perseverar.

Maslow decía que «la cultura occidental se basa mayormente en la teología judeo-cristiana, y los Estados Unidos, particularmente, están dominados por el espíritu pragmático que pone el acento en el trabajo, la lucha y el esfuerzo, la sobriedad y la seriedad y la utilidad»[46]. Esta voluntad y planteamiento de vida todavía se ve reflejado en el cine, con películas de ficción como *Morning Glory*[47] o *Whiplash*[48], o basadas en la vida real, como *Rudy*[49] o *Bleed For This*[50], en las que conductas de esfuerzo, voluntad y perseverancia cobran vida en los protagonistas y se convierten en piezas esenciales para construir la ilusión que tienen en llegar a ser lo que han soñado toda su vida.

La Ilusión Positiva ayuda a entrenar la voluntad. Lleva implícita la voluntad y los pasos que supone:

- La persona ilusionada tiene voluntad para transformar la idea que quiere y cómo conseguirlo;
- Voluntad en deliberar entre las razones, deseos y temores;
- Voluntad de decidir teniendo en cuenta las causas y las consecuencias;
- Voluntad de hacer las acciones necesarias para construir y lograr la ilusión imaginada.

Todo esto lo practica, conscientemente o no, de una forma natural.

ILUSIÓN POSITIVA Y RESILIENCIA

Desde la psicología, la resiliencia se refiere a la capacidad humana de asumir con flexibilidad situaciones límite, sobreponerse al dolor emocional que producen y seguir proyectándose en el futuro a pesar de los acontecimientos desestabilizadores o condiciones de vida difíciles; es decir, la capacidad de resistir el golpe, de sobreponerse a la adversidad y seguir hacia delante. Los psicólogos franceses Michel Manciaux y Boris Cyrulnik hacen énfasis en la característica de proyección al definir la resiliencia como «la capacidad de una persona o grupo para seguir proyectándose en el futuro a pesar de acontecimientos desestabilizadores, de condiciones de vida difíciles y de traumas a veces graves»[51].

La Ilusión Positiva ayuda a experimentar y practicar la resiliencia. Sobre todo, por su propiedad de proyección tras vivir una difícil situación. Cuando una persona tiene una ilusión puede que encuentre grandes obstáculos para llevarla a cabo o incluso que le impidan convertir en realidad esa ilusión que construye y que tanto esfuerzo y deseo ha puesto en ella. Es entonces cuando tiene que ser flexible y practicar la resistencia y la resiliencia, para seguir adelante con la proyección de sí misma, con la construcción de la ilusión o con la frustración y dolor de pérdida de la ilusión, reponerse y seguir avanzando. La capacidad de resiliencia forma parte de la conducta humana, hay muchos ejemplos que lo muestran[52], ejemplos de personas que por su situación o profesión hemos visto en los medios de comunicación o en el cine y ejemplos de personas que viven a nuestro alrededor. La Ilusión Positiva, aun pasando por situaciones trágicas, tiene la ventaja de no extinguirse. Durante siglos ha sobrevivido; hoy sigue teniendo la misma esencia y la misma intensidad. Sabemos que, aunque la persona pierda la ilusión en un momento de su vida, ésta no desaparece, y por tanto puede ir en su busca o construir otra nueva ilusión. Y en esa búsqueda y construcción entrena de manera natural la resiliencia.

ILUSIÓN POSITIVA Y CREATIVIDAD

El diccionario[53] define la creatividad como la facultad de crear. Crear como producir algo de la nada. Visto así parece imposible acercarse a ella, pero la creatividad no está reservada únicamente a los artistas y creadores. Se ha estudiado desde distintas disciplinas y afirman que todas las personas tienen creatividad y es necesaria para su propio desarrollo. El truco no está en el poder de la magia de crear, está en el poder de la acción, en hacer, hacer y hacer.

Picasso dijo: «Yo no creo en las musas, pero por si acaso bajan prefiero que me encuentren trabajando». Ferran Adrià creó la exposición «Auditando el proceso creativo», que muestra todo el trabajo que conlleva la creatividad[54]. Desde la psicología, Manuela Romo, experta en psicología de la creatividad, da ánimo a todos al afirmar: «El genio creador se fija en personas como usted y como yo y su secreto es la dedicación absoluta y el esfuerzo mantenido durante muchos años (…) Lo que hay de sobrenatural en el genio no son los relámpagos ni los sueños sino la consagración total al trabajo»[55]. Jorge Wagensberg da un paso más y afirma que «existen actividades notorias por su creatividad, es verdad, pero no hay actividad humana que esté exenta de crear»[56]. Y para finalizar añadimos aquí la conclusión final del IV Encuentro 5 problemas 5 respuestas: «La creatividad es natural en el ser humano, es la combinación de estímulos internos y externos, y, con técnicas y estrategias adecuadas, podemos activarla cada día de nuestra vida»[57]. Todos tenemos capacidad para crear.

La Ilusión Positiva ayuda a practicar y desarrollar la creatividad. Cuando una persona tiene una ilusión tiene que confeccionar todo un proceso creativo, desde la idea que aún no existe (diseñar todo el proceso compuesto de experiencias, intereses, motivos, habilidades que necesitará; qué espacios, qué tiempo, qué pensará, qué imaginará, qué sentirá, cómo lo hará) hasta materializar esa idea y convertirla en realidad.

Cuando una persona construye una Ilusión Positiva construye y desarrolla un proceso creativo y su creatividad hace «músculo».

ILUSIÓN POSITIVA Y FLUIR

El concepto *flow* –traducido al español como fluir o flujo– es un estado emocional positivo. Ha sido desarrollado por el psicólogo Mihaly Csikszenmihaly[58] y definido como un estado en el que la persona se encuentra completamente absorta en una actividad para su propio placer y disfrute, durante el cual el tiempo vuela y las acciones y los pensamientos se suceden sin pausa, fluyen con armonía, la concentración es muy intensa y no hay tiempo para preocuparse de los problemas, incluso es fácil olvidarse de uno mismo. La persona siente que está preparada para hacer frente a los objetivos que se ha propuesto y que domina las habilidades necesarias para alcanzarlos.

La Ilusión Positiva ayuda a provocar estados *flow*. Cuando una persona tiene una ilusión, cuando está diseñando y creando las estrategias para su construcción, cuando realiza las acciones para logar convertirla en realidad, promueve y favorece vivir momentos *flow*, donde sus pensamientos y acciones fluyen, siente control, júbilo y satisfacción.

ILUSIÓN POSITIVA Y ASERTIVIDAD

Una persona es asertiva cuando expresa su opinión de manera firme, de forma eficaz hacia el objetivo que tiene, desde el respeto a sí misma y a los demás. Son muchos los profesionales de la psicología que estudian, evalúan y defienden la asertividad. Entre ellos la psicóloga Olga Castanyer[59], quien lleva años defendiendo la importancia de la asertividad en la vida personal y profesional de las personas. La Ilusión Positiva favorece el entrenamiento del comportamiento asertivo. Cuando una persona tiene ilusión, tiene una idea clara de lo que quiere, y pone en marcha conductas para ir construyendo la ilusión, entre ellas una comunicación y conducta asertiva para abrir camino hacia la ilusión que persigue, expresando sus necesidades con firmeza, convicción y hasta con alegría. Así se lo expresa a sí misma y a los demás. Cuando estamos ilusionados practicamos la autoafirmación y la conducta asertiva para avanzar y lograr nuestra ilusión.

LA *ILUSIÓN POSITIVA* ENTRENA EL PENSAMIENTO Y LAS EMOCIONES

La Ilusión Positiva tiene una relación directamente proporcional con conceptos psicológicos relacionados con el pensamiento y las emociones (segunda columna de la Figura 2). ¿Por qué? Porque, cuando la persona pone en marcha una Ilusión Positiva, al mismo tiempo pone en marcha una conexión de pensamientos y emociones de forma favorable. Veamos con más detalle estas conexiones y su relación directamente proporcional con la ilusión.

ILUSIÓN POSITIVA Y AUTOESTIMA

La autoestima es una valoración positiva de uno mismo. Es la capacidad que tiene una persona para valorarse y apreciarse por sus cualidades, por sí misma, sin la necesidad de depender de la valoración de los demás. Nathaniel Braden[60] afirma que la autoestima positiva se manifiesta en las personas de diferentes maneras: serenidad al hablar de logros y fracasos, apertura a las críticas y comodidad para reconocer errores, armonía entre lo que decimos y hacemos, actitud abierta y de curiosidad hacia las ideas, menos intimidación si surgen sentimientos que nos intimiden o abrumen, flexibilidad para responder a situaciones y desafíos movida por un espíritu inventivo e incluso lúdico. ¿Estas características recuerdan a las de la Ilusión Positiva comentadas en estas páginas?

La Ilusión Positiva ayuda a fomentar y entrenar la autoestima. Cuando una persona tiene una ilusión, saca lo mejor de sí misma para construir la ilusión que quiere lograr convertir en realidad. Cada paso que va dando le ayuda a valorar su potencial, a ser más consciente de sus cualidades; en definitiva, a reforzar su autoestima.

ILUSIÓN POSITIVA Y AUTOCONCEPTO

El autoconcepto es la opinión que una persona tiene sobre sí misma, que lleva asociado un juicio de valor.

La Ilusión Positiva ayuda a revisar y reajustar el autoconcepto. De manera casi natural, la ilusión fuerza a la persona a detectar y reconocer sus capacidades, competencias y logros. Cuando una persona tiene una ilusión, tiene que recordar su valía, los valores con los que cuenta, los que están activos y los que están dormidos, y también su capacidad para aprender otros nuevos antes de lanzarse a iniciar la ilusión, de modo que se entrena en revisar el autoconcepto que tiene de sí misma y de sus puntos fuertes, y no únicamente de los débiles. Se entrena en hacer una revisión del autoconcepto con más equilibrio y de manera más realista.

ILUSIÓN POSITIVA Y OPTIMISMO

El optimismo es una propensión a ver y a juzgar las cosas en su aspecto más favorable. Desde la filosofía, es la doctrina que atribuye al universo la mayor perfección posible. Desde la psicología, cada vez más, se investiga como una dimensión de la personalidad, una forma de ver las cosas que tiene en cuenta la estimación positiva de probabilidades, la sensación de control y el análisis selectivo de las causas de lo que nos sucede y de los recuerdos positivos frente a los negativos[61]. Es buscar el lado positivo de los contratiempos, tener confianza en nuestras capacidades para afrontarlos, protegiéndonos de la infravaloración de nosotros mismos. Determina la manera en que las personas hacen frente al estrés y a los problemas en general.

El optimismo también es importante en el ámbito laboral y desde la psicología se ha estudiado la teoría de la pauta explicativa del éxito que dice que hay tres características que son determinantes para el éxito y triunfar en el trabajo: 1) capacidad o aptitud, 2) motivación y 3) optimismo[62].

La Ilusión Positiva ayuda a practicar el pensamiento optimista, porque es optimismo en estado puro. Cuando una persona tiene una ilusión, desde la primera idea hasta concluir todo el proceso creativo y convertirla en realidad, practica el pensamiento, la actitud positiva, y entrena las tres características que determinan el éxito (aptitud, motivación y optimismo). La Ilusión Positiva nos estimula a que practiquemos constantemente de forma natural y espontánea: la forma de pensar, de explicarnos a nosotros mismos los acontecimientos, y a tener una actitud optimista ante la ilusión y ante la vida, contribuyendo así a formar nuestra personalidad y aumentando la posibilidad de éxito en la tarea que realizamos.

ILUSIÓN POSITIVA Y ELEVACIÓN

El concepto *elevación* lo introdujo el psicólogo Jonathan Haidt como una emoción positiva. Se refiere a la emoción que se siente fundamentalmente en el pecho cuando vemos o imaginamos cualquier acto que refleja lo mejor del ser humano y nos entran ganas de hacer algo igual o parecido, y de ser mejores personas. Es lo que sentimos cuando vemos en el mundo real o de la ficción que alguien hace algo bueno, de gran belleza humana, algo grande como ser humano. Por ejemplo, cuando alguien ayuda a una persona o hace cosas buenas a otras personas de forma desinteresada, pensando más en ellas que en sí mismo. Se ha afirmado que la experiencia de esta emoción tiene importantes beneficios psicológicos y sociales: hace sentir orgullo, bienestar, dignidad a las personas que lo hacen y gratitud a las personas que reciben la ayuda, y despierta el altruismo o la solidaridad en grupos de personas[63].

La Ilusión Positiva ayuda a practicar y promover la emoción de elevación. Se siente la emoción de elevación cuando vemos los esfuerzos y sacrificios desinteresados que hace una persona para construir la ilusión de otra. Por ejemplo, trabajar extra o privarse de algo para poder regalar a un familiar o amigo una experiencia que le hace mucha ilusión, que por sí mismo no puede conseguir, y, al verlo, sentimos ganas de hacer algo parecido por alguien a quien queremos. Y, si somos nosotros quienes construimos una ilusión para otra persona, sentimos felicidad, orgullo y satisfacción.

ILUSIÓN POSITIVA Y EMPATÍA

La empatía es un sentimiento de identificación con algo o con alguien. Es la capacidad de ponerse en el lugar de otra persona, de identificarse con ella y compartir sus sentimientos. La empatía favorece el desarrollo de conductas y de actitudes de solidaridad y de mejor convivencia. Son numerosas las veces que el psicólogo Javier Urra ha hecho énfasis, en artículos y entrevistas, en la importancia que tiene educar en empatía a los niños para su desarrollo personal y proceso de socialización[64]. La empatía nos hace más humanos y mejores personas.

La Ilusión Positiva ayuda a entender y practicar la empatía, ya que, cuando una persona comparte una ilusión con otras personas o la está construyendo para otra persona, la ilusión favorece que se identifique con los sentimientos de esas otras personas. Construyendo ilusión, construye y entrena empatía, ayudando así a mejorar su desarrollo personal y sus relaciones con los demás.

ILUSIÓN POSITIVA Y MINDFULNESS

El *mindfulness* es un modo de vida atento, viviendo el presente y siendo totalmente consciente de la vida. Es cuando la persona es/ está consciente y totalmente atenta ante el momento que vive, ya sea una situación difícil o situaciones que nos pasan desapercibidas en la vida cotidiana, como darse cuenta de que se está respirando o andando o escuchando. Tiene diferentes definiciones en función del área en que se esté trabajando. Patricia de la Fuente, psicóloga sanitaria y máster en *mindfulness,* afirma que «las dos definiciones que más se utilizan para el *mindfulness* son: 1) es un estado o rasgo mental que se encuentra en mayor o menor medida en todas las personas (se pueden utilizar diferentes técnicas para alcanzarlo; una de las más conocidas es la meditación, pero también se puede llegar atendiendo de forma consciente a una actividad que se esté realizando); 2) es el conjunto de técnicas que permiten alcanzar este estado dentro del marco de las denominadas terapias de tercera generación»[65]. Aunque proviene de tradiciones religiosas, es un método secular que posee una amplia base científica. A este respecto el médico psiquiatra Javier García Campayo, pionero de este tema en la Universidad Española, afirma que el *mindfulness* se ha convertido en uno de los campos de investigación más importantes en neurociencias, con una gran evidencia científica sobre sus aplicaciones en diferentes campos. Su práctica se ha ido extendiendo en todo el mundo y sobre todo ha tenido gran impacto en el campo de la salud, de la educación y de la política[66].

La Ilusión Positiva ayuda a practicar y entrenar el estado de *mindfulness*. La persona que piensa y construye una Ilusión Positiva practica y se entrena en centrar la atención de una forma natural en la actividad ilusionante que realiza, para que su ilusión se vaya convirtiendo en realidad, desenfocando la atención de otras distracciones o contratiempos, agradables o desagradables, como el dolor, la enfermedad física o mental o situaciones estresantes que le acompañan en ese momento de su vida.

LA *ILUSIÓN POSITIVA* NOS ENTRENA PARA AFRONTAR CONCEPTOS PSICOLÓGICOS NEGATIVOS

La Ilusión Positiva tiene una relación inversamente proporcional con conceptos psicológicos (ver tercera columna de la Figura 2). ¿Por qué ocurre esto? Porque a medida que la persona pone en marcha una ilusión entrena pensamientos, emociones y acciones opuestas a pensamientos, emociones y acciones relacionadas con la depresión, la frustración, la indefensión aprendida, el vacío, el vivir sin sentido o la procrastinación.

ILUSIÓN POSITIVA Y DEPRESIÓN

Uno de los síntomas siempre presente en el diagnóstico de depresión es el estado de ánimo deprimido o la pérdida de interés o de placer. La persona que sufre una depresión describe su ánimo como deprimido, triste, desesperanzado o «por los suelos». Y respecto a la pérdida de interés o de placer dice que se siente menos interesada por los *hobbies*, «que no le importan» o que no siente placer con las actividades que antes consideraba placenteras[67].

Por el contrario, practicar Ilusión Positiva promueve pensamientos e ideas de proyectos de presente y para el futuro, pensamientos relacionados con sentirse capaz, con sentirse útil, relacionados con encontrar sentido a la vida, con la creatividad, la autoestima, el autoconcepto. Todos ellos se alejan de los pensamientos negativos de inutilidad, de incapacidad o ideas de muerte que acompañan a la depresión.

Practicar Ilusión Positiva provoca emociones como la alegría, entusiasmo, felicidad, que se alejan de las emociones de tristeza o irritabilidad características de la depresión.

Practicar Ilusión Positiva promueve comportamientos vitales, con energía, vigorosos, que se alejan del comportamiento pasivo y enlentecido que acompaña a la depresión. Y pone en marcha muchos otros de los elementos y propiedades positivas de la ilusión que vemos en los capítulos de este libro.

Por tanto, la Ilusión Positiva ayuda a practicar y entrenar conductas opuestas al comportamiento depresivo. Es un excelente antídoto de la depresión.

ILUSIÓN POSITIVA Y FRUSTRACIÓN

La sociedad en la que vivimos ha creado situaciones en las que, desde niños, las personas «tienen» cosas incluso antes de «desearlas». Este hecho tiene unas consecuencias. Una de ellas es que merma, entre otros valores, la libertad y posibilidad de proyección –aunque esta sea una capacidad inherente del ser humano–. Estas situaciones y sus consecuencias crean altos índices de vacío, malestar, ansiedad y depresión, ya que las personas están más pendientes de lo que carecen que de lo que tienen, y el resultado es la insatisfacción, la infelicidad y frustración[68], estados emocionales muy relacionados con las conductas adictivas con o sin sustancias.

Practicar Ilusión Positiva entrena a enfrentarse y tolerar la frustración, porque la persona se esfuerza en ir a por su ilusión en paralelo a la incertidumbre en lograrla. Cuando la persona decide poner en marcha la construcción de su ilusión, no tiene la certeza de conseguir el éxito, tampoco tiene una garantía del cien por cien que le asegure que con su esfuerzo vaya a conseguir convertir su ilusión en realidad. Al contrario, la incertidumbre y posible frustración forma parte de los pensamientos y emociones que acompañan a la ilusión. Es más, son elementos que componen la ilusión. Pero la posible frustración no supone para la persona ilusionada renunciar a la ilusión, ni construir con menos pasión la ilusión que persigue. Por tanto, practicar la Ilusión Positiva entrena a vivir con la incertidumbre y la posible decepción o desilusión.

ILUSIÓN POSITIVA E INDEFENSIÓN APRENDIDA.

El concepto *indefensión aprendida* fue introducido por Martin E.P. Seligman[69] y se refiere a que la persona frena la conducta por la forma de pensar y sentir: por estar convencida de que haga lo que haga no sirve para nada.

Por el contrario, la persona que construye Ilusión Positiva siente y piensa de forma opuesta: está convencida de que lo que hace sirve más para conseguir su ilusión que no hacer nada. Por eso no abandona, y, en lugar de frenar su conducta, la activa y persevera para construir su ilusión y lograr convertirla en realidad. Practicar Ilusión Positiva entrena a luchar contra la indefensión aprendida. Entrena a hacer, a creer y comprobar que las conductas de la persona tienen importancia para conseguir sus objetivos. La Ilusión Positiva es la antítesis de la indefensión aprendida.

ILUSIÓN POSITIVA Y VACÍO

El sentimiento de vacío acompaña a las personas en determinados momentos de la vida. Sabemos que es un rasgo común en los trastornos depresivos[70], que aparece en situaciones de pérdida o duelo, de soledad no deseada o en momentos de crisis existencial. La persona siente una falta de contenido afectivo o mental, sintiéndose vacía de planes de vida, con apatía, con aburrimiento y con una actitud pesimista; se siente bloqueada, sin visión de futuro, atrapada en ese hueco abismal que siente en el interior de sí misma.

Practicar la ilusión proporciona una actitud contraria a la que provoca la sensación de vacío. Practicar Ilusión Positiva:

• Ayuda a llenar el vacío del presente al provocar pensamientos, emociones, actitudes y acciones.
• Ayuda a llenar el vacío del futuro al favorecer la proyección de uno mismo hacia adelante y construir expectativa de futuro.
• Y además ayuda a sentir una sensación de plenitud que le permite avanzar en saber quién es y qué quiere lograr[71].

ILUSIÓN POSITIVA Y SINSENTIDO VITAL

Vivir sin encontrar sentido a la vida, a su contenido, o a lo que la persona hace, está relacionado con sentimientos de vacío y desesperanza. La persona no encuentra respuestas a las preguntas ¿quién soy?, ¿qué hago aquí?, ¿dónde voy? o ¿qué sentido tiene?

Encontrar respuestas a estas preguntas lo podemos relacionar con la necesidad de autorrealización que Abraham Maslow describía como «el deseo de la persona por la autosatisfacción por su tendencia a hacer realidad lo que en ella es en potencia, es decir, llegar a ser todo lo que uno es capaz de ser»[72].

Decía Viktor Frankl que encontrar el sentido de la vida es la fuerza principal de la existencia humana, y añadía que es una necesidad del ser humano vital para su bienestar psicológico[73].

Ambos autores coinciden en que el sentido vital es esencial y algo personal que varía mucho de persona a persona.

Practicar Ilusión Positiva:

• Es inseparable de encontrar sentido a lo que hacemos.
• También es personal, a cada persona le ilusionan unas cosas.
• Ayuda a responder a las preguntas ¿quién soy?, ¿qué hago aquí?, ¿dónde voy?
• Provoca un propósito y un sentido interno a lo que hacemos para conseguir hacer realidad la ilusión que estamos construyendo.
• Nos ayuda a desarrollar nuestro potencial y ser quienes queremos ser.

En el estudio *¿Qué es para ti la ilusión?*[74] los resultados de las respuestas de las personas encuestadas fueron en esta misma línea: «La ilusión es lo que da sentido a lo cotidiano»; «la ilusión es lo que da sentido a la vida».

La Ilusión Positiva ayuda a encontrar sentido vital. El reto está en descubrir la ilusión en los pequeños detalles de cada día.

ILUSIÓN POSITIVA Y PROCRASTINACIÓN

El diccionario de la RAE define la procrastinación como la acción y efecto de procrastinar, de aplazar. La psicología se centra en la acción y el efecto que produce el procrastinar. Así, Lay (1986) definió la procrastinación como una «tendencia irracional a retrasar tareas que deben completarse».

Pero no sólo significa aplazar o posponer una tarea, lo cual a veces puede ser una buena decisión, sino que lleva implícito que ese aplazamiento de la tarea es menos beneficioso que completarla y aun así la persona decide aplazar la tarea, a pesar de las consecuencias negativas que supone para ella. De ahí que algunos autores (Steel, 2007) definan la procrastinación como «demorar una acción voluntariamente a pesar de esperar estar peor como consecuencia de esa demora».

También ocurre que la persona procrastina por no enfrentarse al malestar que le provoca hacer dicha tarea. Es decir, porque la tarea que se presenta ante ella es un estímulo que le produce aversión y malestar y su reacción es escapar o evitar hacerla. En este sentido, Ferrari (1995) la define como «tendencia a posponer el inicio o la culminación de una tarea, que usualmente genera un estado de insatisfacción o malestar subjetivo», y considera que procrastinar «siempre es una conducta desadaptativa, ya que siempre involucra postergar algo y por ello la considera una conducta derrotista» (2010)[75].

Por tanto, la persona que procrastina siente malestar antes, durante y después del aplazamiento de la tarea: 1) antes de hacer la tarea, por el estímulo aversivo que supone para ella; 2) mientras procrastina siente malestar por los pensamientos y emociones al saber las consecuencias negativas de no hacer la tarea, y 3) después de no hacer la tarea también siente malestar por el fracaso de no haberla hecho, por su actitud derrotista, por sus pensamientos de no sentirse capaz de realizar la tarea con éxito y fracasar en el proceso y resultado.

Practicar Ilusión Positiva entrena a practicar una conducta y actitud opuesta a la procrastinación. Cuando una persona practica la ilusión avanza hacia adelante:

• Aunque la ilusión conlleve un gran esfuerzo, la persona no tiene tendencia irracional a retrasar la tarea.

• Aunque la ilusión que le gustaría convertir en realidad sea un estímulo muy atractivo y gratificante, acepta que supone enfrentarse a obstáculos o dificultades incómodas que le causan malestar.

Aun con estas dificultades la persona no rehúye la tarea, no la retrasa, sino que se entrena en afrontar los estímulos que le producen malestar (como comentarios decepcionantes o negativos de personas de su alrededor), a gestionar esas emociones desagradables (como el miedo, la vergüenza o la ansiedad) y a gestionar el plan que ha diseñado para ir a por la ilusión. La persona se entrena en alejarse de la conducta derrotista que se asocia a la procrastinación y por el contrario se entrena en anticipar las consecuencias positivas del esfuerzo, su capacidad para realizar la tarea, y para valorar su autocontrol, autoconcepto y autoestima. La Ilusión Positiva ayuda a practicar conducta y actitud opuesta a la procrastinación.

Hemos visto anteriormente que la Ilusión Positiva es crear y construir historias de vida. Historias personales llenas de proyectos, emociones, acción, cambios de actitudes, escenarios, etcétera. Esta forma de vivir cambia el presente, y por tanto el futuro de la persona, por lo que le aporta psicológicamente. La Ilusión Positiva reconoce los valores de la vida, facilita ver la luz y ayuda a afrontar la oscuridad.

Sabiendo todas estas cualidades de la Ilusión Positiva y lo importante que es para las personas vivir con ilusión, el siguiente capítulo está dedicado a proporcionar una estrategia para ayudar a buscar la Ilusión Positiva y a recuperarla si la han perdido.

Por el camino hacia la ilusión
a veces nos sorprende la desilusión,
a veces podemos perderla,
pero siempre podemos IR a por ella.

«PREDISPUESTA» UNA ESTRATEGIA PARA BUSCAR *ILUSIÓN POSITIVA*

A medida que iba ampliando el estudio sobre la ilusión iba confirmando que...

... la ilusión se APRENDE, se ENTRENA y se INSTALA.

La ilusión, en su acepción positiva en el idioma español, se aprende de forma natural desde la infancia. Está impregnada en la atmósfera, forma parte de la vida; incluso desde antes de nacer ya somos ilusión de alguien que nos espera.

Sabemos qué es. Sabemos que existe y que se vive mejor con ella. Pero, en general, estamos acostumbrados a la dinámica de tener o no tener ilusión, como si la ilusión tuviese vida propia y pudiese ir y venir a su antojo, según su voluntad, independientemente de la de las personas. De modo que, si un día sentimos que tenemos ilusión por un viaje, por encontrarnos con un amigo de la infancia o por iniciar una nueva aventura laboral, nos alegramos, la vivimos con agrado y disfrutamos de cuanto nos hace sentir. Si otro día no tenemos ilusión, nos resignamos e incluso aceptamos vivir sin ella. Pero desde LABILUSIÓN (Laboratorio de la Ilusión), por los estudios y análisis que he hecho, aporto ¡una buena noticia! Hay una tercera posibilidad: además de tener o no tener ilusión, existe la posibilidad de ir a por ella.

Ir a por la ilusión es muy fácil cuando las personas están ilusionadas, cuando están predispuestas, cuando las cosas van bien, cuando todo fluye y van consiguiendo un logro tras otro.

Pero cuando han perdido la ilusión, cuando las cosas no van bien, cuando las personas se sienten frustradas, cuando han sido invadidas por la tristeza, cuando se encuentran en una situación personal o laboral espinosa, o cuando se han olvidado de vivir con ilusión, ir a por ella es, francamente, más difícil, tanto, que parece perdida para siempre y resulta inimaginable encontrarla. Pero sí es posible.

He acompañado a muchas personas en su aventura de buscar la ilusión y la han encontrado. Todas afirman que es posible y muy gratificante.

Aun así, hay momentos en que, por las circunstancias que viven, se aferran al *no*, y hay personas que piensan para sí mismas y otras que gritan con voz alta y firme: «No tengo ilusión», «no me hables de ilusión», «no es para mí eso de la ilusión», «no tengo tiempo para ilusiones», «no es momento para pensar en la ilusión», etc.

En esos momentos podemos sugerir y plantear varias opciones:
- Prueba… Prueba sin obligación alguna, y luego ya decides.
- Date una oportunidad.
- Y… ¿por qué no?.
- Si para ti no quieres buscar la ilusión, ¿puedes hacerlo por o para otra persona?

No necesariamente supone cambiar de forma radical, del *no* al *sí*. Puede ser paralelo. Porque la **yuxtaposición** de emociones es posible.

Las personas pueden elegir esperar el día en que vuelvan a tener ilusión o pueden dejar de esperar y decidirse a ir a por ella para volver a vivir todos los beneficios que les aporta.

Este libro ofrece una nueva estrategia para «ir a por la ilusión».

Presenta los pasos con un orden similar al que se usa cuando las personas tienen ilusión. Es una estrategia muy fácil de recordar, basta una sola palabra: «PREDISPUESTA».

La palabra PREDISPUESTA/O incluye cuatro palabras que son cuatro actitudes clave para ir a por la Ilusión Positiva:

- 1º actitud: PREDISPUESTA/O
- 2º actitud:.........DISPUESTA/O
- 3º actitud:.............PUESTA/O
- 4º actitud: ....ESTA/O

Esta estrategia se puede representar con un diagrama de círculos concéntricos[76] (ver Figura 3), donde el círculo más pequeño es el más importante porque es el centro compartido con todos los otros círculos.

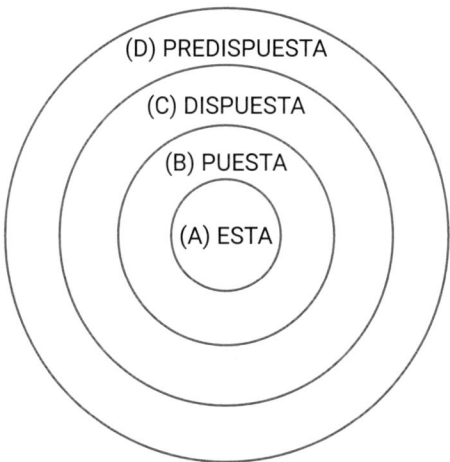

Fig. 3. Actitudes de la estrategia «PREDISPUESTA»
para ir a por la ilusión positiva, representada con diagrama.

El círculo del centro equivale a «ESTA/O es la ilusión, la satisfacción y el resultado conseguido» cuando la persona convierte su ilusión en realidad.

Es importante tener claramente definido este círculo central. Es importante que la persona tenga respuestas bien definidas a las preguntas:

- ¿Cuál es mi ilusión? ESTA es mi ilusión.
- ¿Qué voy a conseguir con ella? ESTO es lo que voy a conseguir.
- ¿Cómo me voy a sentir cuando la logre? ESTO sentiré.

Estas tres preguntas y sus respectivas respuestas son clave para ir a por la ilusión, porque describen la ilusión (A) que la persona quiere vivir y su resultado. En el diagrama de la Fig. 3, el círculo (A) con sus preguntas y sus respuestas es muy importante porque es el corazón de la diana, y esta actitud de logro y confianza acompañará a la persona en todos los otros círculos, ya que, siguiendo las relaciones de la lógica formal y simbólica[77]: todo (A) es (B), (C) y (D). Los círculos están superpuestos uno sobre el otro en el diagrama; por tanto, las actitudes de la ilusión también. La persona tendrá esa actitud de éxito por lograr la ilusión (A), formando parte de ella durante todo el proceso de construcción de la ilusión, desde el momento en que está PREDISPUESTA, cuando está DISPUESTA y cuando está PUESTA en acción. Y, a su vez, esa actitud de logro va constituyéndose como su actitud ante la vida en paralelo a otras situaciones y actitudes.

Por otra parte, si se observan los círculos en la dirección opuesta, desde el círculo más grande hasta el más pequeño, se observa que todo (D) no es (A), pero una parte de (D) sí es (A), lo que equivale a decir que no basta con que la persona esté predispuesta para lograr convertir en realidad su ilusión, pero con el hecho de estar PREDISPUESTA cuenta con un poco del logro. Es decir, si está PREDISPUESTA a poner en marcha una ilusión ya tiene a su favor un porcentaje del éxito del logro (A). Y, a medida que va cambiando de círculo hacia el círculo central, y por tanto cambiando de actitud y acciones, cada vez aumenta el porcentaje de éxito de conseguir convertir su ilusión en realidad.

El hecho de que los círculos sean concéntricos y que las actitudes se superpongan unas con otras, reforzándose entre ellas, facilitando el camino de ir a por la ilusión, es un valor añadido a la Ilusión Positiva.

Con estas cuatro actitudes clave se puede ir avanzando hacia la Ilusión Positiva a medida que la persona se pregunta cada una de ellas:

- ¿Estoy PREDISPUESTA/O a ir a por la ilusión?
- ¿Estoy DISPUESTA/O a ir a por ella?
- ¿Estoy PUESTA/O ya en marcha, ya estoy yendo a por ella?
- ¡ESTA/O es el logro conseguido y ESTA es mi satisfacción!

Y avanza a medida que se va dando respuestas que se convierten en proposiciones categóricas[78]:

- Yo estoy Predispuesta/o a ir a por la ilusión.
- Yo estoy Dispuesta/o a ir a por la ilusión.
- Yo estoy Puesta/o, ya estoy yendo a por la ilusión.
- Yo tengo/soy logro y satisfacción de la ilusión lograda.

Con este diagrama también podríamos hacer proposiciones como estas:

Todo ESTA/O, es decir, todo logro (A)

es PREDISPOSICIÓN(D)

(Yo) estoy predispuesta/o (D)

Luego, es posible que (Yo) logre(A)

...

Algún predispuesta/o(D) es logro(A)

(Yo) estoy predispuesta/o(D)

Luego, es posible que (Yo) logré o sea logro(A)

...

Muchos puesta/o (B) son logro(A)

(Yo) estoy puesta/o (B)

Luego, es posible que Yo logré o sea logro(A)

Este orden suele ser el más frecuente, pero hay ocasiones en las que este orden se puede invertir[79]. En la Figura 4, los círculos concéntricos A, B, C, D están representados como secciones de un tronco de cono: se puede observar mejor esta inversión e imaginar con mayor facilidad los posibles cambios de tamaño de cada círculo o actitud ante la ilusión. Depende de las personas, de la situación que viven o de las propias ilusiones.

Planos horizontales

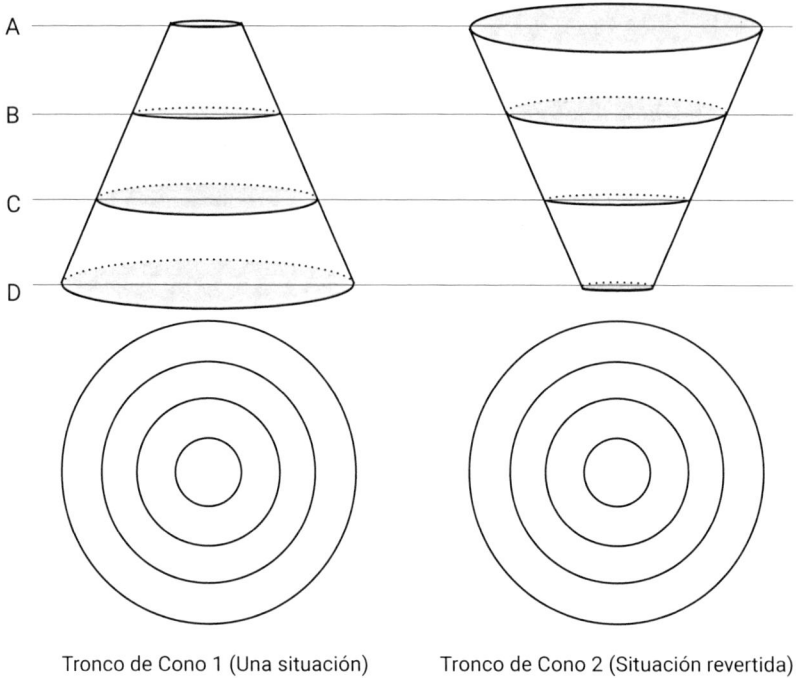

Tronco de Cono 1 (Una situación)   Tronco de Cono 2 (Situación revertida)

Fig. 4. Círculos concéntricos representados como secciones de un tronco de cono.

Por ejemplo, puede ocurrir que, sin haber diseñado una ilusión, sin ni siquiera haber pensado en ella, la ilusión se cruce en el camino de una persona y de pronto, sin haber vivido el estar Predispuesta ni Dispuesta, se vea PUESTA o incluso se vea en ESTA, realizando ya las actividades para lograr la ilusión por un estímulo que ha percibido o porque se lo ha contagiado otra persona (amiga, profesor, un personaje de la película que está viendo en ese momento…). También es posible que varíe el tamaño y la intensidad de cada círculo del diagrama en función de la intensidad de las emociones y pensamientos que tenga y de las acciones que realice en cada uno de ellos al ir a por la ilusión. Por ejemplo:

- ¿Todo mi yo, o alguna parte de mi yo, o ninguna parte de mi yo está PREDISPUESTA/O a ir a por la ilusión?
- ¿Todo mi yo, o alguna parte de mi yo, o ninguna parte de mi yo está DISPUESTA/O a ir a por la ilusión?
- ¿Todo mi yo, o alguna parte de mi yo, o ninguna parte de mi yo está PUESTA/O a ir a por la ilusión?
- ¿Todo mi yo, o alguna parte de mi yo, o ninguna parte de mi yo está valorando ESTA/O logro conseguido al ir a por la ilusión?

Todas estas posibilidades se pueden combinar de diferentes maneras, lo cual muestra que las actitudes que tienen las personas en el proceso de ir a por la ilusión pueden variar de persona a persona; pueden variar en la propia persona –dependiendo de la situación personal y/o social que viva–, y pueden variar dependiendo de la propia ilusión –si esa ilusión es muy ilusionante o muy poco ilusionante para la persona, si conlleva mucho o poco esfuerzo, o del porcentaje de posibilidad de logro, o de la valoración que hace de ella la persona–. Y, en función de estas combinaciones de actitud, la persona vivirá la ilusión de una manera u otra.

Un ejemplo sería: «Todo mi yo está Predispuesto/a para viajar a NY, pero sólo alguna parte de mi yo está Dispuesto/a (casi nunca encuentro el momento de ahorrar ni de buscar información de barrios y hoteles para dormir) y ninguna parte de mi yo esta Puesto/a (no he empezado a hacer nada al respecto)». Esta combinación de actitudes equivaldría a la persona que habla mucho, sueña mucho, pero hace poco para construir la ilusión y convertirla en realidad, se queda en una mera ilusión o sueño.

Otro ejemplo sería: «Todo mi yo está predispuesto a viajar a NY, ninguna parte de mi yo está Dispuesto/a (no he hecho ningún preparativo ni gestión) y todo mi yo está Puesto/a (me voy y que sea lo que Dios quiera; una vez allí, ya buscaré)». Equivaldría a las personas que están tan predispuestas que se lanzan a la acción de construir una ilusión sin haberse preparado y organizado para ello.

Incluso puede ocurrir (como ocurre con los círculos de Euler[80]) que, en determinados casos, los círculos sean del mismo tamaño. (Fig.5)

Esto sería que (A), (B), (C) y (D) tengan el mismo radio, es decir, sean de la misma extensión, lo que equivaldría a decir que las personas pueden tener unos pensamientos, emociones y acciones de una intensidad similar en cada actitud clave, desde la predisposición de ir a por la ilusión hasta el logro de la misma. Entonces el diagrama sería un solo círculo, producto de la superposición de los cuatro círculos concéntricos del mismo radio. Cuando ocurre esto, todo está conectado, con la misma intensidad y cantidad, ya sea en afirmativo o en negativo.

Planos horizontales

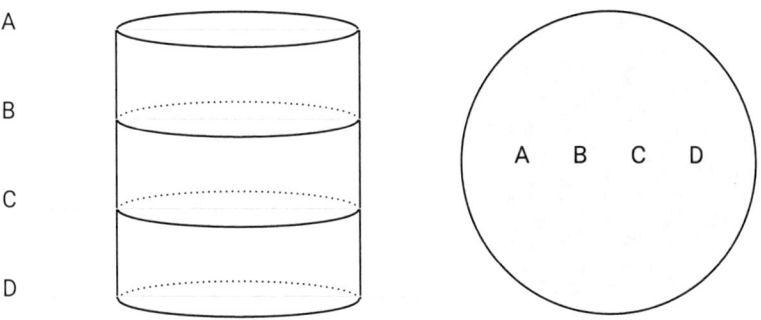

Fig.5. Representación de la estrategia de Actitud «PREDISPUESTA» para ir a por la Ilusión Positiva,en círculos concéntricos del mismo tamaño en secciones de tronco de cono.

Por ejemplo, en negativo sería: «Ninguna parte de mi yo está PRE-DISPUESTO/A, ninguna parte de mi yo está DISPUESTO/A y ninguna parte de mi yo está PUESTO/A para lograr ningún ESTO/A». Y, al contrario, en afirmativo, en igual cantidad y calidad, sería: «Todo mi yo está todo PREDISPUESTO/A, todo DISPUESTO/A y todo PUESTO/A para lograr todo ESTO/A». En estos casos coincide pasado-presente-futuro, estímulo-respuesta-consecuencia, inicio-nudo-desenlace, todo fluye con armonía entre los círculos[81] y en la persona que va a por la ilusión o persona ilusionada. Es la máxima expresión de la Ilusión Positiva.

En cualquiera de todos estos casos, ir a por la ilusión es tarea de cada persona. Cada paso hacia la ilusión requiere de nosotros y de nuestras actitudes, aptitudes y valores:

• Requiere de nuestra actitud, predisposición y convicción.

• Requiere de nuestra razón: de nuestra idea, imaginación, fantasía, pensamientos, de nuestra forma de entender y ver la ilusión.

• Requiere de nuestras emociones: de nuestra alegría, entusiasmo, pasión, deseo por esa ilusión que buscamos.

• Requiere de nuestro valor para afrontar el miedo, la incertidumbre y las adversidades del camino hacia la ilusión.

• Requiere de nuestra acción, de la puesta en marcha y de nuestra perseverancia.

Pero eso no es todo; cada paso para ir a por la ilusión también favorece que nos queramos a nosotros mismos y nos valoremos. Porque ir a por la ilusión con la actitud y conducta que supone influye en nuestro autoconcepto, en la imagen que tenemos de nosotros, en lo que pensamos de nosotros mismos. Y a ello se suma que tomar la decisión de ir a por la ilusión, cada paso que conseguimos durante el camino para lograr alcanzarla, nos ayuda a compararnos con nosotros mismos y ver y valorar los cambios de nuestro comportamiento y crecimiento. Esto nos da fuerza, autoconfianza, autoconvicción y autoestima.

Ir a por la ilusión ¡es toda una aventura personal!

A medida que una persona va haciendo realidad la ilusión, al hacer, se va convirtiendo en ser, se va transformando a sí misma y va siendo lo que había imaginado.

Somos porque hicimos.
Y porque hacemos ahora, somos y seremos.

Bienvenida/o a la aventura de ir a por la Ilusión Positiva con la estrategia «PREDISPUESTA».

ACTITUD ¡PRE-DIS-PU-ESTA!
¡DISPUESTA!
¡PUESTA!
¡ESTA!

ACTITUD ¡PREDISPUESTA!

¿ESTOY PREDISPUESTA/O A IR A POR LA ILUSIÓN?

Esta pregunta se refiere a ese periodo de tiempo que antecede a la acción. Es ese momento que vive la persona cuando aparece la idea de una nueva ilusión, aunque en paralelo aparezca el miedo, la pereza o el pensamiento del esfuerzo que supondrá. Puede ser cualquier ilusión: estudiar el idioma del país al que se quiere viajar, sacarse el carné de conducir para disfrutar de libertad y autonomía, preparar un cumpleaños sorpresa a un familiar, de visitar a un amigo que vive en otra ciudad, practicar un deporte o aprender a cocinar galletas de Navidad. Es ese tiempo dedicado a preparar anticipadamente algo sobre la ilusión que se tiene en mente: pensar en esa ilusión concreta, recordar cómo era si se ha vivido otras veces o a imaginar cómo será llevarla a cabo esta primera vez, cómo será aprender algo nuevo sobre ella. Y también es un periodo de tiempo en el que la persona observa su propio **ánimo para emprender el camino** de ir a por la ilusión. Es un momento de ser consciente de que la ilusión vive en la cabeza y en el corazón.

Es un periodo de mentalización, de preparar la mente, de mentalizarse sobre qué supone ir a por la ilusión y si se quiere ir a por ella.

Incluye pasos como:
- ¿Estoy predispuesta/o a caminar hacia la ilusión?
- ¿Estoy predispuesta/o a llamar a su puerta cuantas veces haga falta?
- ¿Estoy predispuesta/o a cruzar la puerta para entrar en ella?
- ¿Estoy predispuesta/o a aceptar la incertidumbre como compañera?
- ¿Estoy predispuesta/o a beber cada día un poco de ilusión?

Estos pasos se viven de forma natural, casi instintiva, cuando la persona está ilusionada, pero requieren más esfuerzo y consciencia cuando no lo está y se plantea ir en su busca.

¿ESTOY PREDISPUESTA/O A CAMINAR HACIA LA ILUSIÓN?

Cuando se trata de ir a por la ilusión
hay que caminar hacia ella.

Todos nosotros aprendimos a caminar en la infancia. Un día nos atrevimos a soltarnos de la mano e iniciamos solos el camino. Dimos los primeros pasos seguramente con miedo, dudando, sin perfecto equilibrio, sin el cien por cien de seguridad, sin garantía de caminar sin caer. ¡Pero caminamos! Curiosos, con el objetivo de salir de donde estábamos, decididos hacia donde queríamos ir a explorar, a buscar otro lugar nuevo. ¡Caminamos! A veces con peligro de resbalar, otras con riesgo de tropezar. Caminamos. Caímos. Nos levantamos. No fue fácil, pero no por eso dejamos de caminar. Y fuimos cogiendo confianza.

Con la ilusión ocurre lo mismo. Las personas predispuestas tienen el propósito de caminar hacia ella. Están predispuestas a tropezar, caerse, levantarse y seguir caminando.

Toda persona que camina llega a algún lugar.
Si camina hacia a la ilusión llegará a lugares previstos o
insospechados. ¡ENHORABUENA!

Caminando, paso a paso,
vamos construyendo nuestra confianza y nuestra ilusión.

¿ESTOY *PREDISPUESTA/O* A LLAMAR A SU PUERTA?

Cuando se trata de ir a por la ilusión hay que llamar a su puerta
cuantas veces haga falta.

Ir hacia la ilusión no siempre es fácil. Trabajando en la consulta de psicología clínica, impartiendo clases o en las entrevistas, me he encontrado con personas de diferentes edades y profesiones que pasan por delante de una ilusión y no se atreven a llamar a su puerta.

Temen que no se abra.

Temen no encontrar en ella lo que esperaban.

Temen a su propio pensamiento pesimista y negativo.

Temen que no sea el momento adecuado.

Temen al anticipar el posible fracaso.

Temen a....

Cada persona teme a sus propios miedos. Hay tantos temores (a la frustración, la decepción, la vergüenza, el fracaso, el ridículo, etcétera) que prefieren agachar la cabeza o mirar hacia otro lado. Otras prefieren protestar porque anticipan que la puerta estará cerrada para ellas y no se acercan.

Las personas predispuestas saben que llamar a la puerta de la ilusión no es sinónimo de «vine, vi, vencí»[82], pero, si no llaman, nunca lo sabrán, y «el no» ya lo tienen.

Si queremos ver la puerta abierta... ¡Llamemos!
Aumentaremos la probabilidad de que se abra.

¿ESTOY *PREDISPUESTA/O* A CRUZAR LA PUERTA?

Cuando se trata de ir a por la ilusión hay que cruzar la puerta
para entrar en la ilusión.

En los talleres de Ilusión Positiva de LABILUSIÓN (Laboratorio de la Ilusión), diferenciamos entre *llamar* y *cruzar* la puerta de la ilusión. Si se quiere entrar en la ilusión, vivir con ilusión y sentirla, con llamar a su puerta no es suficiente, es necesario cruzarla.

Puede que dé vértigo, que resulte inquietante pasar al otro lado, que la persona sienta desasosiego por iniciar una realidad que aún no existe, que está por construir y que no sabe qué ocurrirá ni cómo termina.

Requiere predisposición, el esfuerzo de hacer un plan, de recopilar habilidades personales y recursos que se puedan necesitar. Requiere compromiso, perseverancia. Requiere asumir el riesgo, porque no existe un cien por cien de garantía de lograr lo imaginado. Las personas predispuestas no son ajenas a ello y quieren seguir adelante.

«El que algo quiere algo le cuesta», enuncia un refrán de uso actual en el idioma español cuya idea clave es el esfuerzo[83]. Así es. Pero es importante saber que quien cruza ya nunca será la misma persona. Todas las que han cruzado afirman que hay un antes y un después. Un después muy gratificante.

Pensemos en cómo será nuestro después.

¿ESTOY *PREDISPUESTA/O* A ACEPTAR LA INCERTIDUMBRE?

Cuando se trata de ir a por la ilusión
hay que aceptar la incertidumbre como compañera.

La ilusión permite ver más allá del horizonte. Pero, desde el inicio y durante el camino, existe la incertidumbre: «¿Lograré convertir mi ilusión en realidad?».

En los estudios de la ilusión mencionados en anteriores capítulos, las personas asocian la ilusión a la incertidumbre[84] en menor medida en que asocian la ilusión con la alegría, la vida, los proyectos o la esperanza, pero saben que la incertidumbre acompaña a la ilusión.

A veces las personas no están predispuestas a tolerar la incertidumbre que conlleva la ilusión y prefieren eludirla, alejarse de la ilusión. Pero las personas predispuestas, aunque también se plantean interrogantes sobre la incertidumbre, al mismo tiempo proponen alternativas de respuestas para resistir o desafiarla, para enfrentarse, para gestionarla y crecer con ella.

Dicen que «no sé lo que nos deparará el mañana» fueron las últimas palabras del poeta Fernando Pessoa. «Quién sabe qué traerá la marea mañana», dice Tom Hanks en su papel protagonista de la película *Náufrago*. Nadie lo sabe. Y por eso no dejamos de vivir. Lo mismo ocurre con la Ilusión Positiva. No sabemos qué pasará ¿Y por eso vamos a dejar de ilusionarnos? Ir a por la ilusión nos entrena a enfrentarnos a la incertidumbre y a confiar en nosotros mismos.

> **Incertidumbre e ilusión.**
> **¿Qué pasará mañana? y ¿qué podemos hacer hoy?**

¿ESTOY *PREDISPUESTA/O* A «BEBER» ILUSIÓN?

Cuando se trata de ir a por la ilusión
hay que «beber» cada día un sorbo.

Es bueno «beber» ilusión todos los días para mantenerla viva y mantener vivo el espíritu ilusionante.

El agua es vida y la Ilusión Positiva también[85]. La sequía deja los campos desolados, lleva a la pobreza, y lo mismo pasa con las personas si no viven con ilusión. Sus vidas se secan, como dice Ignacio Gómez de Liaño en la cita que inicia este libro.

Las personas predispuestas saben que en el día a día pueden «beber» ilusión:

- De la fuente de su imaginación.
- Del manantial de su corazón.
- Del río de vida que comparten con otras personas.

No son necesarias grandísimas ilusiones, basta con un sorbo de Ilusión Positiva cada día; las ilusiones pequeñas ilusionan y hacen tan felices como las grandes.

Bebamos sorbos de ilusión: de fuentes conocidas o de fuentes insólitas. Nos da vida.

*Bienvenida/o a la aventura de ir a por la Ilusión Positiva con la estrategia «*PRE-**DISPUESTA***».*

ACTITUD ¡DISPUESTA!

¿ESTOY DISPUESTA/O A IR A POR LA ILUSIÓN?

Esta pregunta equivale al momento en que la persona decide que ya se siente con las aptitudes, recursos y capacidades necesarias para pasar a la acción. Es cuando ya está preparada para ir a por la ilusión. Aunque no tenga toda la fuerza y ánimo que desearía, sí tiene la determinación de ir a por la ilusión. Es el momento del «pistoletazo de salida».

La persona se encuentra lista para darse la orden de lo que ha de hacer y pasar a la acción. Por ejemplo, siguiendo con las ilusiones comentadas en el apartado Predispuesta / o, sería empezar ya a estudiar el idioma del país al que le gustaría viajar, ya dispone del espacio, del horario, del material y del método que ha elegido para estudiar; o ya es el momento de matricularse en la autoescuela que ha elegido para sacarse el carné de conducir; o ya ha diseñado un plan para organizar el cumpleaños sorpresa o el de visitar a un amigo fuera de la ciudad; o ya está preparada para iniciar la actividad deportiva individual o en grupo; o ya está a punto, con los utensilios y las recetas que ha seleccionado, para experimentar dos días a la semana en la cocina.

Incluye pasos como:

- ¿Estoy dispuesta/o a arriesgarme por la ilusión?
- ¿Estoy dispuesta/o a construir el camino directo sin atajos ni desviaciones?
- ¿Estoy dispuesta/o a explorar qué hay detrás de la curva del camino?
- ¿Estoy dispuesta/o a comprometerme y zambullirme de lleno en la ilusión?
- ¿Estoy dispuesta/o a probar a jugar con ella?

Estos pasos, al igual que los de actitud predispuesta, se viven de forma natural, casi instintiva, cuando la persona está ilusionada, pero requieren más esfuerzo y consciencia cuando no lo está y se plantea ir en su busca.

¿ESTOY *DISPUESTA/O* A ARRIESGARME?

Cuando se trata de ir a por la ilusión hay que arriesgarse por ella.

Tener una gran ilusión, sentirse ilusionado, trazar un buen plan para construirla, no implica que todo fluya ni que tenga un cien por cien de éxito en lograr hacerla realidad. También es posible que a la persona le frene el temor al fracaso, que tema encontrarse con pequeños o grandes obstáculos previstos o inesperados.

Por ejemplo, la ilusión de dar un paseo en globo: los pasajeros pueden encontrarse de pronto con una espesa niebla; puede que les sorprenda una tormenta de verano, que tengan que luchar contra sus propios miedos, que tengan que desprenderse de lastre o que incluso no alcen el vuelo por unas inesperadas ráfagas de fuertes vientos. Estos mismos ejemplos son metáforas de lo que le puede ocurrir a la persona cuando va a por una ilusión: puede que esté predispuesta, pero ¿está dispuesta? ¿Dispuesta a enfrentarse al esfuerzo, a problemas externos y a sus propios miedos, problemas y lastres internos? Los obstáculos y el riesgo forman parte de la vida y de la Ilusión Positiva también. Hay que prepararse para afrontarlos. Todo es posible: el trayecto hacia la ilusión puede ser más difícil o más fácil de lo que creía.

¿Quiero participar de la aventura de vivir?
¿Qué ilusión me gustaría lograr?
Valoremos los riesgos:
¿vale la pena arriesgarse? ¿Por qué? ¿Cuándo? ¿Cómo?
¿Hasta dónde? ¿Hasta cuándo?

¿ESTOY *DISPUESTA/O* A CONSTRUIR EL CAMINO?

Cuando se trata de ir a por la ilusión
hay que construir camino sin atajos.

La Ilusión Positiva no funciona con un abrir y cerrar de ojos, ni con un chasquido de los dedos, ni llegando de un salto al final del camino sin haberlo recorrido. No se trata de un espejismo. Es un camino y tiene tres fases.

Primera fase: a la persona le surge la idea y empieza a imaginar su ilusión, soñando despierta, recurriendo a la memoria y a la fantasía. Coincide con el dicho «estar en las nubes». El pensamiento fluye, ya se sienten emociones, y posiblemente un cambio de actitud que varía según la persona y la ilusión imaginada.

Segunda fase: condensación. La persona pasa a la acción. Pone en marcha el plan trazado y sus habilidades personales. Se enfrenta a los posibles contratiempos. Se ayuda de los recursos que necesita para construir la ilusión imaginada. Equivale a «aterrizar de las nubes» para empezar a transformar la idea en algo tangible.

Tercera fase: cristalización. Es el resultado real de su trabajo y del cambio que ha hecho y experimentado. Lo imaginado se ha hecho realidad. Ahora, ni la persona ni la realidad es la misma, la persona ha crecido y la realidad ha cambiado.

Las personas dispuestas sueñan despiertas, pero no se conforman con soñar, pasan a la acción y se ponen en marcha para construir las tres fases de su Ilusión Positiva.

> La ilusión es motor y energía para las fases del camino. Empecemos a construir y... ¿aparecerá? Solo construyendo podemos averiguarlo.

¿ESTOY *DISPUESTA/O* A EXPLORAR?

Cuando se trata de ir a por la ilusión
hay que explorar qué hay detrás de la curva del camino.

Antaño, el ser humano era nómada por necesidad, el hambre empujaba sus pasos. De niño también es nómada caminando hacia la ilusión, siempre hambriento de ella, atento a encontrarla detrás de la curva del camino.

La vida ha cambiado y muchas personas se sitúan en el extremo opuesto: el sedentarismo. Se «sientan» y dejan que la ilusión pase de largo. A medida que crecen y se distancian de la niñez, también se distancian del paseo hacia la ilusión. Pero nunca es tarde para pasear de nuevo hacia la ilusión.

Pasear, por la naturaleza o por la ciudad, permite explorar, contemplar el mundo que nos rodea, y también a nosotros mismos, nuestros pensamientos y nuestras ensoñaciones. Pasear hacia la Ilusión Positiva es muy parecido. Es estar dispuestos a abrir los ojos y el corazón para explorar todos los elementos externos que favorecen nuestra ruta ilusionante, explorar nuestros valores internos, los que nos ayudan a pensar mejor, a sentir mejor, a avanzar mejor, explorar qué hay detrás de la curva del camino, lo que aún no vemos. Ver, tener visión más allá de lo dado, ayuda a llegar.

> La única forma de explorar nuestro futuro
> es seguir caminando.

¿ESTOY *DISPUESTA/O* A COMPROMETERME?

> *Cuando se trata de ir a por la ilusión*
> *hay que comprometerse, zambullirse de lleno en ella.*

La actitud y el compromiso es clave para cualquier tarea que emprenda una persona. Con la Ilusión Positiva pasa lo mismo.

Es una equivocación esperar que la ilusión llegue como las olas llegan a la orilla: una tras otra, de forma automática, con ritmo constante independiente y ajeno a la actitud y compromiso de las personas. Aun así, sin tener nada que ver con el funcionamiento de ese oleaje marino, para disfrutar de las olas se requiere una actitud y compromiso de participación con todos los sentidos: hay que abrir bien los ojos y seguirlas con la mirada, prestar atención al murmullo de su vaivén o al chasquido al romper con firmeza su cresta, reconocer su inconfundible perfume salado, acoger el sabor que han dejado en los labios las burbujas que escaparon de la espuma blanca, sumergirse entre sus refrescantes y estimulantes aguas y, antes de eso, haber dedicado tiempo y esfuerzo para llegar hasta ellas. Si trasladamos este ejemplo a la Ilusión Positiva, ¿cuál es nuestra actitud y compromiso hacia la ilusión?, ¿cuán dispuestos y receptivos estamos?, ¿hasta dónde vamos a dar de nosotros?, ¿cuánto tiempo y esfuerzo?

Si queremos ir hasta la ilusión, no esperemos.
Hagamos un plan. No uno cualquiera, sino lo mejor que
sepamos. Con todos nuestros sentidos, con todo nuestro
intelecto, con todo nuestro corazón, con todo nuestro
espíritu. Y sumerjámonos de lleno en esa ilusión que
vamos a construir.

¿ESTOY *DISPUESTA/O* A JUGAR CON ELLA?

Cuando se trata de ir a por la ilusión
hay que probar a jugar con ella.

La ilusión es un juego: un juego entre la realidad y la ficción.

Cuando una persona empieza a hacerse la ilusión de algo juega a soñar, a fantasear, a pensar qué le gustaría hacer o ser, a imaginar lo que todavía no es, a visualizar lo que será cuando ella misma transforme la realidad que conoce.

Como en el juego, requiere unas condiciones. Por ejemplo, jugar al tenis, al escondite, a juegos de mesa, al golf, hacer construcciones, interpretar personajes o cualquier otro juego requiere una atención completa y una implicación de cuerpo y mente. Jugar a ilusionarse es similar: requiere que la persona esté muy atenta a la ilusión que persigue. Requiere una implicación personal: convicción de la importancia que tiene su participación y compromiso en el juego de construir su Ilusión Positiva.

Como en el juego, hay riesgo: riesgo de fallar, de equivocarse, incluso de perder. Jugar con la ilusión es muy similar, la ilusión no está exenta de riesgo.

A veces las personas no están dispuestas a jugar a ilusionarse por no tener tiempo, por temor a perder, por considerarlo cosa de niños, por el esfuerzo que supone. Otras veces, están dispuestas a jugar a ilusionarse, para vivir y no solo sobrevivir.

Probemos a jugar con la ilusión. «Jugando damos vida a la ilusión y construyendo ilusión jugamos con la vida»[86].

Bienvenida/o a la aventura de ir a por la Ilusión Positiva con la estrategia «PRE-DIS-PUESTA».

ACTITUD ¡PUESTA!

¿ESTOY *PUESTA/O* EN IR A POR LA *ILUSIÓN*?

Estar PUESTA / O equivale a decir que la persona ya está en plena acción. Ya está en marcha: ya ha incorporado en su vida las acciones del plan que ha diseñado. Ya está yendo a por la ilusión: resuelta, audaz, decidida, haciendo lo previsto para conseguir que se haga realidad.

Es un momento muy activo y de alto rendimiento, aunque haya momentos en los que se sienta apocada, sobrepasada o temerosa.

Siguiendo los ejemplos anteriores, sería cuando ya está estudiando de lleno el idioma, o cuando ya acude con continuidad a las clases de la autoescuela, o cuando ya está realizando las gestiones y preparando los detalles para la organización de la fiesta sorpresa del cumpleaños o del viaje fuera de la ciudad para visitar a un amigo, o cuando ya practica el deporte de forma regular, o cuando ya está cocinando cada semana una nueva receta.

Es un «cara a cara», un pulso con la aventura de ir a por la ilusión. Incluye pasos como:

- ¿Estoy puesta/o en avistar su luz?
- ¿Estoy puesta/o en cambiar, transformar, crear?
- ¿Estoy puesta/o en escalar para lograr la ilusión?
- ¿Estoy puesta/o en reflejarme en la ilusión?
- ¿Estoy puesta/o en tirar con fuerza para conseguirla?

Cuando la persona ha llegado a estos pasos en su aventura de buscar la ilusión, ya es muy probable que piense, sienta y actúe como las personas ilusionadas, y será reconfortante darse cuenta y valorarlo.

¿ESTOY *PUESTA/O* EN VER Y SENTIR SU LUZ?

Cuando se trata de ir a por la ilusión hay que avistar su luz.

Aunque las cuatro actitudes de la estrategia PREDISPUESTA/O requieren actividad mental, emocional y conductual, la fase PUESTA se centra mucho en la acción. Y una acción es mantener una conexión continua con la «luz» de la Ilusión Positiva.

Una metáfora de esta acción son los girasoles. Los girasoles tienen la propiedad de irse volviendo hacia el sol. Cada día, desde las primeras luces del alba, ahí están: erguidos, atentos a avistar el sol, mirando cara a cara al astro, desde que sale por el este hasta que se esconde por el oeste sin perderlo de vista, con esa atracción, conexión y actividad continua por vivir juntos cada minuto del día. La persona que en su aventura de buscar la ilusión ya está en la fase PUESTA sabe que es posible actuar como los girasoles.

Cada día al despertar estar atentos
a la luz de la ilusión.
Seguirla con la mirada,
con el corazón,
con la inteligencia,
con el alma,
con la acción.
Absorber su luz.
Y, al vivir junto a ella cada minuto,
acabar siendo luz, su viva imagen.

La ilusión despierta nuestra luz interior.

¿ESTOY *PUESTA/O* EN CAMBIAR?

Cuando se trata de ir a por la ilusión
hay que cambiar, transformar, crear.

Picasso dijo que «cada acto de creación empieza con un proceso de destrucción». Y es que el ser humano no crea de la nada, más bien, transforma la realidad que conoce. Un dicho popular lo explica así: «Para hacer una tortilla antes hay que romper un huevo», y la cadena puede ser más larga. Por ejemplo, para crear un jersey de lana, la artesana teje el hilo de la madeja, y el hilo antes fue teñido y antes fue mechón esquilado y antes la lana que cubría a la oveja. Todo un proceso de deshacer, hacer y transformar. Ir a por la Ilusión Positiva también es un proceso de deshacer, hacer y transformar para crear.

Hay ilusiones que fluyen y casi se crean solas. Pero otras exigen el esfuerzo de deshacer: el esfuerzo de desprenderse de lo fácil, de la comodidad; el esfuerzo de destruir la monotonía, la automática rutina sin sentido, el sentimiento de vacío; el esfuerzo de deshacerse de pensamientos y emociones que frenan, dificultan o impiden la posibilidad de crear. Las ilusiones también exigen el esfuerzo de hacer: esfuerzo de ir añadiendo nuevos pensamientos, emociones y experiencias que facilitan la posibilidad de crear.

Este cambio de hacer y deshacer está a nuestro alcance, nos transforma, y nos ayuda a crear una nueva realidad.

Todos podemos crear ilusión. Es un proceso creativo: es un propósito, es voluntad y es planificación.

¿ESTOY *PUESTA/O* EN ESCALAR?

Cuando se trata de ir a por la ilusión hay que escalar para lograr.

La Ilusión Positiva es una continua escalada. A veces ligera como subir la ladera de una colina, a veces arriesgada como trepar por un árbol, a veces majestuosa como ascender a la cima de un pico nevado a miles de metros de altitud.

Sea cual sea la ilusión que se construye, siempre es una escalada, semejante a la escalera que enlaza dos planos: el plano de la realidad y el plano de la irrealidad, ese que todavía es fantasía y que aún no es, pero tiene el potencial de ser real.

A medida que se dan pasos hacia la ilusión, la persona va subiendo escalones: el escalón de motivación hacia la ilusión, el escalón de esfuerzo de ponerse en marcha y perseverar en la acción, el escalón de satisfacción de los resultados que va consiguiendo. Otro de esfuerzo, otro de motivación... Y así, escalón a escalón, la persona y la ilusión van creciendo.

A medida que asciende va conociendo un poco más de sí misma y de la ilusión que construye. Y también va consiguiendo acercar esos dos planos que en principio estaban separados: el de la fantasía y el de la realidad.

> Construyamos nuestra propia escalada de la ilusión.
> ¡Subamos! ¡Perseveremos! ¡Logremos! ¡Vivamos y disfrutemos cada peldaño de fantasía y de realidad!

¿ESTOY PUESTA/O EN REFLEJARME?

Cuando se trata de ir a por la ilusión
hay que reflejarse en ella.

Para ver el reflejo de nuestra imagen en un espejo o en una pared de cristal no funciona sólo con imaginar, tenemos que estar allí.

- ¿Dónde? En ese lugar, donde existe la posibilidad de reflejar, frente a frente.
- ¿Cómo? Como tú eres y nada más. Cara a cara. Sin tapujos, sin engaños.
- ¿Cuándo? Cualquier momento es bueno, aunque no siempre es fácil.
- ¿Por qué? Porque queremos ver, comprobar, confirmar, contrastar con la realidad.
- ¿Para qué? Para evaluar, valorar, mejorar la situación.

Cuántas preguntas. Cuánto esfuerzo atreverse a hacerlas y responderlas.

Con la Ilusión Positiva pasa lo mismo. Hay que estar Puesto/a. Hay que hacer preguntas. Buscar respuestas. Manifestarnos como somos. Cuando la persona se pone frente a frente con la ilusión, las cualidades de la ilusión se reflejan en la persona y las de la persona en la ilusión. Se verá y se encontrará consigo misma y con su propia ilusión: ¿qué le hace ilusión?, ¿dónde?, ¿cómo?, ¿cuándo?, ¿por qué?, ¿para qué? La pondrá en marcha y vivirá su reflejo.

**Valoremos nuestra capacidad
para reflejar las cualidades de la ilusión.**

¿ESTOY *PUESTA/O* EN TIRAR CON FUERZA?

*Cuando se trata de ir a por la ilusión
hay que tirar con fuerza para conseguirla.*

Un ejemplo real para este apartado es el de la Falla Palleter de Valencia[87], que, en el año 2018, decidió salir de concurso y convertirse en el proyecto Plantar la Esperanza[88] para celebrar su cincuenta aniversario. La actividad estrella del proyecto fue plantar la falla *al tombe*. Es un método que consiste en que, cuando el monumento fallero ya está preparado en el suelo, se pone en pie a pulso, con la única fuerza de los brazos, tirando de las cuerdas cogidas fuertemente con las manos, en lugar de usar una grúa. Y allí estaban, doscientas mujeres con diagnóstico de cáncer. Un centenar de mujeres colocadas una tras otra cogiendo una cuerda y otro centenar en otra cuerda. Tiraron con fuerza todas ellas, con sus manos, con la suma de sus brazos, de su espíritu, de su Ilusión Positiva. «Gritando al mundo con todas nuestras fuerzas: "Estamos vivas"», dijo Paz Moreno, la organizadora. ¡Y todas juntas lo consiguieron! La ilusión une y nos une.

Ir a por la ilusión da fuerza y perseverancia para lograr y al mismo tiempo requiere de nuestra fuerza y perseverancia para convertirse en realidad.

¡*Sí* es posible!
Si queremos una ilusión tiremos de ella con todas nuestras fuerzas para alcanzarla.

*Bienvenida/o a la aventura de ir a por la Ilusión Positiva con la estrategia «*PRE-DIS-PU-**ESTA**»*.*

ACTITUD ¡ESTA!

¡ESTO/A ES EL LOGRO CONSEGUIDO AL IR A POR *LA ILUSIÓN*!

Este apartado equivale al resultado logrado. Es valorar el proceso vivido y lo que se ha conseguido en la aventura de ir a buscar la ilusión. Consiste en identificar las emociones vividas y valorar los logros alcanzados en la ilusión y en la persona. Siguiendo los ejemplos anteriores, sería valorar la emoción y satisfacción por lo aprendido y el resultado logrado al estudiar el idioma, o al conseguir el carné de conducir, o los momentos de alegría, diversión, empatía y cariño en el encuentro familiar o en la visita al amigo fuera de la ciudad, o el bienestar físico y psicológico que se siente al hacer ejercicio, o la satisfacción, creatividad y autoestima por los logros en la cocina.

Es el momento de reconocer el valor de la persona, los valores que ha puesto en marcha al ir a por la Ilusión Positiva y el mérito que tiene por haber conseguido encontrarla y convertirla en realidad. Incluye pasos como:

- Esta/o es, ¡lo logré!: he conseguido lograr la ilusión.
- Esta/o es, ¡lo logré!: he conseguido afrontar mis miedos al ir a por la ilusión.
- Esta/o es, ¡lo logré!: he conseguido resaltar la ilusión en mi vida.
- Esta/o es, ¡lo logré!: he conseguido disfrutar la ilusión.
- Esta/o es, ¡lo logré!: he conseguido escuchar la ilusión y a mí mismo/a.

Estos pasos corresponden al clímax y desenlace de la historia ilusionante y de la persona ilusionada.

¡ESTO/A ES! ¡LO LOGRÉ!
HE CONSEGUIDO LOGRAR LA ILUSIÓN

Cuando se va a por la ilusión,
se trata de lograr convertir una idea en realidad.

¡ESTO/A es! ¡Ya está! ¡Has llegado hasta aquí!

Ya no eres la misma persona. Has crecido. Has aprendido. Has cambiado.

Logar una Ilusión Positiva es vivir todo un recorrido de siembra. Ahora ya sabes que la ilusión empieza siendo una idea que germina y brota en el mundo interior de cada persona. Luego va tomando forma con los elementos que la componen. Va materializándose, transformando la realidad, con las acciones que va realizando la persona en conexión con el mundo exterior. Hasta que cristaliza y se convierte en realidad. Una realidad palpable para la persona que la logra y para los demás. Si has hecho este recorrido con la estrategia «PREDISPUESTA» y has llegado hasta aquí, ¡enhorabuena!

La actitud ESTA/O es valorar el fruto que has conseguido desde el inicio hasta lograr la ilusión. Implica no parar de vivir. Has puesto en marcha la historia que querías vivir y con ella has vivido un sinfín de experiencias: ideas, memoria, imaginación, proyección, estrategias, aprendizajes, alegría, entusiasmo, felicidad... Has vivido la experiencia de construir y cuidar la ilusión y a ti mismo. Ahora es el momento de disfrutar del logro conseguido.

Si cultivamos la ilusión
transformamos la realidad nuestra y de los demás.
¡Es todo un logro!

¡ESTO/A ES! ¡LO LOGRÉ! HE CONSEGUIDO AFRONTAR EL MIEDO AL IR A POR *LA ILUSIÓN*

Cuando se va a por la ilusión,
se trata de hacer frente al miedo.

Si has llegado hasta aquí con la estrategia «PREDISPUESTA», ¡enhorabuena!, porque logar una ilusión conlleva muchos logros. Uno de ellos es afrontar el miedo. El miedo es tal vez el mayor obstáculo al que se enfrenta la ilusión.

Cuando preguntamos a las personas qué les falta para tener ilusión, entre sus respuestas escuchamos «vencer el miedo». Cuando les preguntamos qué les sobra, de qué tendrían que desprenderse porque les dificulta tener ilusión, responden «el miedo»[89]. El miedo es en muchas ocasiones compañero de la Ilusión Positiva: camina en paralelo, a veces dos pasos por delante, a veces dos pasos por detrás, pero ahí está, bien al iniciar una ilusión, bien durante la construcción de una ilusión, o bien en el último tramo, cuando la persona ya está casi a punto de lograr la ilusión.

Sabemos que el miedo forma parte de la vida. Ha ayudado al ser humano a sobrevivir al mantenerlo alerta y escapar de los peligros, pero ¿ayuda a vivir?, ¿ayuda en el camino de ir a por la ilusión? No permitamos que el miedo nos bloquee para lograr la ilusión. Sí permitamos que el miedo descubra los puntos débiles, nuestros y de nuestra ilusión. Demos las gracias por ello y ¡mejorémoslos! Valoraremos más los resultados logrados.

> **La ilusión ayuda a vencer los miedos**
> **para lograr más y mejor.**

¡ESTO/A ES! ¡LO LOGRÉ! HE CONSEGUIDO RESALTAR LA ILUSIÓN EN MI VIDA

Cuando se va a por la ilusión,
se trata de destacarla cada día.

Si has llegado hasta aquí con la estrategia «PREDISPUESTA», ¡enhorabuena! Lograr una ilusión es sinónimo de resaltar tu historia, tu sentido, en los grandes y pequeños detalles de tu vida.

Las personas que consiguen resaltar la Ilusión Positiva en su día a día tienen una ilusión, van a por ella y lo logran. Tienen en cuenta un abanico de variables cualitativas y cuantitativas. Eligen qué enfocar y durante cuánto tiempo:

- Qué ilusión tengo: qué historia ilusionante quiero vivir y cómo.
- Qué tengo que hacer.
- Cuánta intensidad: cuánto voy a poner de mí.
- Cuánto espacio-tiempo le voy a dedicar.

¡Enhorabuena! Has resaltado la ilusión. Le has dado el lugar que se merecía en tu día a día. Y ella te ha dado a ti el lugar que tú merecías. Ahora valora los cambios que has hecho. ¡Lo has logrado!

**Resaltar la ilusión en nuestra vida
nos anima a vivirla, a lograrla, a valorarla = Nos da vida.**

¡ESTO/A ES! ¡LO LOGRÉ! TIC-TAC.
HE CONSEGUIDO DISFRUTAR *LA ILUSIÓN*

Cuando se va a por la ilusión,
se trata de disfrutarla en cada momento.

Si has llegado hasta aquí con la estrategia «PREDISPUESTA» para buscar la Ilusión Positiva puedes decir: «¡ESTA / O es lo que he logrado, lo que he aprendido, lo que he cambiado, lo que he disfrutado!».

Logar una ilusión es vivir una continua satisfacción. Tic-tac, tic-tac.Todo instante, cada segundo, todo pequeño detalle es intenso, es importante, es creativo, es estimulante, es detonante del siguiente. **¡Cuánta vitalidad! ¡Cuánta activid**ad mental! **¡Cuántas emociones!** Emociones que se viven y se disfrutan tres veces:

- Emociones cuando surge la idea que ilusiona.
- Emociones cuando se construye y se vive la ilusión.

- Emociones cuando más tarde se recuerda el proceso y los logros que conseguiste con ella.

Enhorabuena. Disfruta de tu ilusión, de todo cuanto te aporta, y de los logros conseguidos.

> Con Ilusión Positiva disfrutamos más de cada momento de nuestra vida, de lo que nos rodea y de nosotros mismos.

¡ESTO/A ES! ¡LO LOGRÉ! HE CONSEGUIDO ESCUCHAR LA ILUSIÓN Y A MÍ MISMO/A

Si has llegado hasta aquí, ¡enhorabuena, lograste escucharte!

La Ilusión Positiva, como historia que es, requiere luz y silencio para ser vista y escuchada. Escucharla te ha permitido construir el relato de tu historia ilusionante, caminar hacia ella, alcanzarla y contarla: **¡ESTA/O es mi logro! ¡Lo logré!**

Otras personas te escucharán, se contagiarán, buscarán su historia ilusionante y lograrán. Y así, de una a otra, construimos una cadena sin fin de historias que iluminan el sentido del instante, capaces de convertir lo ordinario en extraordinario, de cambiar el presente y el futuro debido a los valores que acompañan a la ilusión y a la persona ilusionada.

OBSERVACIONES PARA IR A POR LA ILUSIÓN

- **La Ilusión Positiva es algo muy personal.**
Para cada persona la ilusión significa una cosa en particular. Cada persona la siente y la vive a su manera. Cada persona

la construye como quiere. Cada persona elige libremente la ilusión que quiere vivir, cómo, cuándo, dónde, con quién y para qué. Cada persona elige las técnicas y estrategias para ir a por la ilusión, construirla y vivirla.

- **¡No hay que escatimar en imaginación!**
  La vida hay que soñarla para vivirla, y la ilusión también, porque es difícil llegar si no sabes dónde ir. Todas las personas tienen la capacidad de imaginar. Y toda Ilusión Positiva requiere ser imaginada antes de convertirse en realidad. La imaginación no tiene límites. Permite soñar más allá del final que ya conoces. Abrirá el camino. Derrocha imaginación: imagina sin miedo primero y construye con valor y cautela después[90].

- **¡Pasar a la acción!**
  Pasar a la acción es fundamental. Sin acción la ilusión imaginada se quedaría en mera ilusión, en algo ilusorio, en el mundo de lo ideal e imaginario. Para convertirse en Ilusión Positiva y trasformar la realidad hay que pasar a la acción. ¡Hay que ponerse en marcha! Hay que construir con las manos, con la cabeza y el corazón lo que se ha imaginado. ¡Acción! Sólo así vivirás la «chispa» que da la Ilusión Positiva.

- **¡Disfrutar del camino y del cambio!**
  Camina para vivir ilusiones y vive ilusiones para que te den vida durante el camino. Captar cada momento de ilusión positiva es vital. Las personas ilusionadas captan las emociones que sienten, los pensamientos que tienen y las acciones que realizan en cada instante, viven cada momento con intensidad. Captar esas acciones aporta una actitud, imprime carácter, estilo, filosofía de vida y ayuda a: a) focalizar y prestar atención plena al momento presente de nuestra ilusión, a vivirlo

más intensamente y a percatarse de las emociones que provoca la ilusión, disfrutarlas y gestionarlas; b) visualizar el futuro de tu ilusión, a ver tu proyección, a realizar la cadena Ser-Hacer-Tener[91] que te ayudará a transformar, y c) recordar qué hiciste en el pasado y no olvidar cómo eres. Te ayudará a aumentar la autoestima y te dará fuerza para seguir adelante.

«Nuestra vida está forjada de ilusiones: ilusiones del recuerdo, ilusiones de la espera, ilusiones en la sensación de que hay cierto margen para la acción y el cambio. Pero raramente estas ilusiones se desbocan incontroladas. Posiblemente "la ilusión" es la fibra con la que están hechas nuestras vidas e intentar apartarse de esa corriente es ir contra la historia, la evolución y la propia vida»[92].

María Dolores Avia y Carmelo Vázquez

AGRADECIMIENTOS

Quiero agradecer a las entidades que han hecho posible las actividades de investigación, formación, divulgación y/o de aplicación de Ilusión Positiva en la trayectoria de LABILUSIÓN (Laboratorio de la Ilusión): los colegios oficiales de psicología de Madrid, Valencia y Barcelona, el Colegio Oficial de Enfermería de Valencia, la Universidad Jaume I de Castellón, la Universidad Católica de Valencia, la Asociación Española de Psicología Clínica y Psicopatología (AEPCP), el Congreso Nacional de Psicología, la ONCE y Fundación ONCE, AISSA Proyecto Motiva´T, del Hospital Francisco de Borja Gandía, el Programa Prevención del Ayto. Santa María, la Fundación La Barandilla, La Casa del Libro de Madrid, la Cruz Roja, La Casa Encendida, el Ateneo Escurialense, la Tertulia Justicia y Utopía, el Congreso «Vivir con un adolescente», la Jornada Optimismo del Colegio de la Psicología de Madrid, el Día de la Felicidad en Mahou-San Miguel, ESCObienestar, el Club Faro de Vigo, La Central de Santander y otras intervenciones muy positivas y gratificantes para avanzar. Gracias.

Mi agradecimiento a todas las personas que han participado en encuestas, entrevistas, en la Jornada Nacional de la Ilusión y en cursos/talleres de Ilusión Positiva. Y a todas las personas que han participado en intervenciones de Ilusión Positiva aplicada al proceso de tratamiento en enfermedades físicas y psicológicas, personas con diagnóstico de depresión, ansiedad, estrés, trastornos adaptativos, alimentarios, diagnóstico de cáncer, con vacío existencial, con desencanto profesional, etcétera. Personas que decidieron ir a por la ilusión y la encontraron con resultados positivos. Y también

EL VALOR DE LA ILUSIÓN

a los profesionales de la salud y de la educación que querían aprender cómo ir a por la ilusión y cómo fomentarla en sí mismos y en los demás. Todas ellas han hecho posible avanzar en el estudio e investigación de la Ilusión Positiva desde la psicología para convertirla en herramienta psicológica y terapéutica. La participación de todas ellas –entidades y personas– nos anima a seguir estudiando e investigando. Gracias.

También agradecer a los Medios de Comunicación (*EL PAÍS, La Razón, La Vanguardia, El Correo, El Mundo, ABC, Agencia EFE, Telva, Cosmopolitan, Las Provincias, Vocento,* la Sexta, *La Terapia del Arte…,* Radio Exterior, Radio Aragón, Cadena Ser, Onda Cero, COPE, Radio Nacional, Capitalradio… y TVE) y las webs www.páginasdemujeremprendedora, www.webconsultas , www.madridmas.org www.joseantoniomarina, www.consumer.es, etcétera, por su labor de difusión de la Ilusión Positiva a través de las entrevistas y por la petición de mi colaboración en artículos sobre la Ilusión Positiva u otros temas, como la anorexia y la bulimia, la depresión, el amor o la relación de pareja para comentar su relación con la ilusión. Gracias.

A los autores que previamente han estudiado áreas relacionadas con la ilusión, en especial al filósofo Julián Marías. Gracias por abrir el camino y favorecer la inspiración para continuar estudiando este tema tan interesante del comportamiento humano y todos los beneficios que nos aporta. Al profesor Jesús Ferrer, catedrático del Departamento de Análisis Matemático de la Universidad de Valencia de España, por su apoyo con la Lógica y Teoría de Conjuntos, que desgraciadamente falleció por la COVID. Desde aquí mi agradecimiento allá donde esté. Y a mi hija Cristina Rocher, arquitecta que ha dibujado las secciones del tronco de cono de los círculos concéntricos de la estrategia «PREDISPUESTA» y por su ánimo y apoyo. Gracias a todos.

Gracias a la Editorial Siglantana por confiar en este libro y recibirlo con tanta ilusión y cariño.

Por último, mi agradecimiento a nuestros ancestros, que con sus ilusiones han contribuido a mantener vivo el espíritu de la ilusión tal como lo conocemos y vivimos en el idioma español. Y gracias a todas las personas que ahora nos la contagian, dándonos la oportunidad a cada uno de nosotros de convertirnos en eslabones de la cadena de ilusión en el tiempo.

GRACIAS.

NOTAS

Cita inicial

Gómez de Liaño, Ignacio. (2002).

Cita final

Maria Dolores Avia y Carmelo Vázquez (1998).

---

1. Gómez de Liaño, Ignacio. (2002). *Sobre el fundamento.* (p.120). Madrid: Siruela. Revisada por el filósofo en el año 2021 para esta cita.

2. En el estudio *¿Qué es la ilusión?* Lecina Fernández (2014). Realizado en España por el Colegio de la Psicología de Madrid y promovido por ONCE y su Fundación, el 90,7 % de los españoles asocian la ilusión a la vida con un valor medio de 8,75 puntos en una escala de 0 a 10, donde el 0 es igual a nula asociación y el 10 es la máxima asociación a la ilusión.

3. Corominas, J. (3ª ed). (1973)Breve diccionario etimológico de la lengua castellana. (p.331). Madrid: Gredos. S.A.

4. *Las ilusiones perdidas.* (2021). Dirección y guión de Xavier Giannoli. Protagonistas: Benjamin Voisin, Cécile De France, Vincent Lacoste, etc. Género: Drama. Comedia. Francia. 149min. Nominada al César a la mejor película, mejor director, mejor actor revelación, y mejor actor secundario.

5. Paul Auster (2002). *El libro de las ilusiones.* Traducción de Benito Gómez Ibáñez, 2003. Seix Barral.

6. Diccionario de Autoridades. (1734). Tomo IV Diccionario de Autoridades - Tomo IV (1734): ILUSIÓN. s. f. Engaño, falsa imaginación o aprehensión errada de las cosas. Es del Latino *Illusio*, que significa lo mismo. NIEREMB. Dict. Espirit.

Decad. 2. La oración sin mortificación, o es ilusión, o no será oración. SOLIS, Hist. de Nuev. Esp. lib. 2. cap. 16. Serán ilusiones de algún encantamento, semejantes a los engaños de la vista. https://webfrl.rae.es/DA.html

7. Juan Valera (1970). Las ilusiones del doctor Faustino. Castalia.

8. Crítica de Luis Alfonso sobre *Las ilusiones del doctor Faustino*. Citada por Cyrus C. DeCoster en la introducción de *Las ilusiones del doctor Faustino*, de Juan Valera. Castalia. 1970.

9. Julián Marías. (1984) *Breve tratado de la ilusión*. (p. 17–23). Madrid: Alianza editorial.

10. Diccionario de la Real Academia Española. (2014). (23ª ed.). (p.1214). Barcelona: Espasa.

11. Lecina Fernández (2011) *¿Qué es para ti la ilusión?* Estudio piloto con la colaboración de FINSOA.

12. Lecina Fernández (2017). *Ilusión Positiva*. Bilbao: Desclée de Brouwer. En este libro la autora describe el concepto *ilusión*, los elementos que la componen, cómo funciona, cómo recuperarla y cómo fomentarla.

13. Si quiere saber más sobre este filósofo puede consultar: Max Scheler. *Gramática de los sentimientos*. (2000, 2003 traducción castellana). Barcelona: Critica.

14. Lo cita Rafael Gambra. (1969, 23ª ed. 1999). Historia sencilla de la filosofía. (p. 233–238). Madrid: Rialp

15. Op.cit, Rafael Gambra.

16. LAB**ILUSIÓN** (Laboratorio de Investigación, Formación y Divulgación de la Ilusión).

17. Estudio *¿Qué es para ti la ilusión?* Lecina Fernández (2011). Con la colaboración de Finsoa. www.lecina.es

18. Lecina Fernández. (2015). *¿Qué es la ilusión? Qué piensan los españoles que es la ilusión y cuán ilusionados están*. Estudio realizado con el Colegio Oficial de la Psicología de Madrid y promovido por ONCE y su Fundación.

19. Lista recogida de las respuestas y experiencia empírica de personas y profesionales españoles que han acudido a los talleres de ILUSIÓN POSITIVA, recogida en el libro *Ilusión Positiva*. Lecina Fernández (2017). Ed. Desclée de Brouwer: Bilbao.

20. Si quiere saber más sobre los beneficios de las emociones positivas y su valor adaptativo puede consultar el artículo «Emociones positivas». Vecina Jiménez, M.L. (2006). Vol. 27(1). pp. 9–17. *Papeles del Psicólogo*. Basado en trabajos de investigación publicados en revistas científicas.

21. Seligman, Martin (2002). *La auténtica felicidad*. Ediciones B. Barcelona: 2003.

22. Op cit. *Ilusión Positiva*. (pp. 103–108)

23. Freud, S. (1984). Biblioteca Fundamental de nuestro tiempo. En *El provenir de una ilusión* (pp.141–193). Madrid: Alianza Editorial.

24. Julián Marías. (1984). *Breve tratado de la ilusión*. Madrid: Alianza Editorial.

25. Estas respuestas son de niños que participaron en un Taller de ILUSIÓN POSITIVA que formaba parte de una actividad de Prevención organizada por el Ayuntamiento de Santa María de la Alameda.

26. Respuestas recogidas en una actividad organizada por LAB.ILUSIÓN en la Feria del Libro de Boadilla del Monte (Madrid)

27. Puede ver el secreto que encierra la palabra *desconectar* en la *Carta 5 de la ilusión: La ilusión es néctar de vida*. http://www. lecina.es/content/carta-ilusi%C3%B3n-positiva-

28. Si quiere saber más sobre ello puede consultar *Psicología positiva aplicada*. Carmelo Vázquez, Gonzalo Hervás (Eds.). (2008). DDB; *Optimismo Inteligente*. Mª Dolores Avia. Carmelo Vázquez. (1998) Alianza Editorial; *La fuerza del optimismo*. Luis Rojas Marcos (2005) Aguilar.

29. *Ilusión Positiva. Una herramienta casi mágica para construir tu vida.* Lecina Fernández (2017). (pp.15–41). Bilbao: Desclée de Brouwer.

30. Estudio *¿Qué es la ilusión?* se realizó en el año 2014 cuando los españoles vivían la crisis económica y el nivel de ilusión era de 7,2 puntos en una escala de 0 a10.

31. Luis Boyano, (2020). Pionero en magia corporativa, Premio Nacional de Magia y Premio Mundial de Magia por la Federación Internacional de Sociedades Mágicas, afirma que toda actividad de magia lleva mucho trabajo detrás: A) **El trabajo del mago:** liderazgo, escuchar, persuadir, adaptarme a la situación y al perfil de los asistentes. Y un trabajo previo que es fundamental, la planificación. Hay que unir el carisma, la empatía, el optimismo y la responsabilidad de hacer un trabajo bien hecho y que «todos» salgamos satisfechos, y B) el trabajo del **equipo:** los técnicos, la gente que participa en el escenario, los que han colaborado previamente en la elaboración para que la actuación esté personalizada y adaptada al público y muchas personas que se ocupan de tantos detalles, es trabajo de equipo.

32. En el libro *La fuerza de la ilusión* (2011) Jorge Blas, galardonado internacionalmente con la Varita Mágica de Oro en Montecarlo y el Premio Siegfried & Roy en Las Vegas, afirma que el secreto no está en la técnica que hay detrás del truco de magia, está en el mago. Como decía el propio Houdini: «No es el truco, es el mago», refiriéndose a que el secreto está en dejarse llevar por la magia, en su capacidad de generar ilusión. Porque no hay magia más potente que la fuerza de la ilusión. Si conseguimos prender esa chispa en el público… depende de ti. (p.45–46). Y eso mismo podemos pensar con la magia de la Ilusión Positiva.

33. En esta misma línea el filósofo Julián Marías decía: «Siento una ilusión momentánea cuando imagino la repetición o actualización de algo que viví anteriormente como verdadera ilusión». Op.cit

34. Recordamos, retomamos y actualizamos el autoconcepto que tenemos de nosotros mismos, lo que pensamos de nosotros mismos.

35. UNED: La Psicología de la Percepción se ocupa del estudio de los procesos que permiten la descripción de los objetos y acontecimientos del entorno, a partir de la estimulación que incide en los órganos sensoriales. Su objeto de estudio lo constituyen la experiencia consciente de los objetos y las relaciones entre los mismos.

36. Estudio *¿Qué es para ti la ilusión?* Lecina Fernández (2011), con la colaboración de Finsoa. www.lecina.es

37. El 94 % de las personas entrevistadas asociaron la ilusión a conceptos como motor, ganas, etc., con un valor medio de 8,9 puntos en una escala de 0 a 10 puntos, donde el 0 es nula asociación y el 10 la máxima asociación. Estudio 2014.

38. Ver tabla «La (I+) Aumenta Versus Disminuye» y primer apartado del capítulo 4.

39. Ignacio Gómez de Liaño. Conferencia en la I Jornada de la Ilusión. Organizada por el Colegio de la Psicología de Madrid, promovida por ONCE y su Fundación. Dirigida por Lecina Fernández en el Instituto Cervantes de Madrid. (2014).

40. Op. Cit. (2017)

41. El concepto *flow* –traducido al español como *fluir* o *flujo*– ha sido desarrollado por el psicólogo Mihaly Csikszenmihaly.

42. Cofer, C.N. y Appley escribieron en 1964 el libro *Motivation: Theory and research*. John Wiley and Sons, Inc., Nueva York, E.U.A. [Hay edición en español: *Psicología de la Motivación. Teoría e investigación*, 1971, 1975, 1976. Editorial Trillas, México, 1978].

43. Valderrama, Beatriz. (2010). La rueda de los motivos es un modelo de diez posibles motivaciones o motores vitales del ser humano: Afiliación, Poder, Hedonismo, Seguridad, Conservación, y sus respectivos opuestos Autonomía, Cooperación, Logro, Exploración y Contribución. Por ejemplo, hay personas o momentos en que lo que motiva es la afiliación, el sentirse en grupo, y en cambio hay otras personas o momentos en que lo que motiva es lo opuesto: la autonomía y necesidad de independencia.

44. La motivación y los procesos motivacionales ha sido un área investigada en el campo de la psicología del trabajo y

de las organizaciones. El psicólogo José María Peiró –Premio Aristóteles* 2015– defiende la importancia de la mejora del diseño del trabajo con el fin de hacerlo más motivador para favorecer el bienestar psicológico de las personas trabajadoras, el bienestar laboral, el bienestar productivo y prestar una mayor atención no sólo a los aspectos hedónicos del bienestar (en términos de placer, satisfacción, etc.) sino también a sus aspectos eudaimónicos (referidos a la realización del potencial de las personas). (2014). (*El Premio Aristóteles es un reconocimiento que desde el año 1995 concede la Federación Europea de Asociaciones de Psicólogos (EFPA) a psicólogos europeos reconocidos internacionalmente por su contribución a la psicología, ya sea en campo de la investigación o en el área profesional).

45. Lecina Fernández (2015).

46. Maslow, Abraham H. (1.991). *Motivación y personalidad*. Madrid: Diaz de Santos. [La edición en inglés *Motivation and Personality*. Third edition. (1954, 1987, Harper & Row, PublishersInc.]

47. *Morning Glory*. **Dirección:** Roger Michell. **Guión:** Aline Brosh McKenna. **Intérpretes**: Rachel McAdams, Harrison Ford, Diane Keaton, etc. País: EEUU. 2010. Duración: 102 min. Género: Comedia. Periodismo. TV. Empleo. Romántica. Ver comentario relacionado con la Ilusión Positiva: http://www.lecina. es/content/morning-glory

48. *Whiplash*. **Dirección y Guión:** Damien Chazelle. **Intérpretes**: Milles Teller, J.K. Simmons, Melissa Benoist, Paul Reiser, etc. País: EEUU. 2014. Duración: 103 min. Género: Drama. Música. Ver comentario relacionado con la Ilusión Positiva: http://www.lecina.es/content/whiplash

49. *Rudy*. Dirección: David Anspaugh. Guión: Angelo Pizzo. Intérpretes: Sean Astin, Jon Favreau, Ned Batty, Charles S. Dutton, País: EEUU 1993. Duración: 116 min. Género: Drama. http://www.lecina.es/content/rudy

50. *Bleed For This*. **Dirección** Ben Younger. **Guión**: Ben Younger, Pippa Bianco (Historia: Angelo Pizzo). **Intérpretes:** Miles Teller, Aaron Eckhart, Katey Sagal, Ted Levine… **País:** Estados Unidos 2016. **Duración:** 116 min. **Género:** Drama. Biografía. Deporte. Boxeo.

51. Vera, Beatriz. (2008). *Resilencia y crecimiento postraumático. Resistir y crecer en la adversidad* en «Psicología positiva. Una nueva forma de entender la psicología». Madrid: Calamar ediciones.

52. La periodista Montse Arboix (2014), en el artículo «Resiliencia, la capacidad de superar las adversidades», comenta la experiencia resiliente de la atleta paralímpica Silvia Elvira. https://www.consumer.es/salud/resiliencia-la-capacidad-de-superar-las-adversidades.html También pueden verse ejemplos de conducta resiliente en la web del Instituto Español de Resiliencia https://resiliencia-ier.es/testimonios/

53. Real Academia Española.

54. Ferran Adrià (2015) *Auditando el proceso creativo.* Espacio Fundación telefónica. Madrid. https://ferranadria.fundaciontelefonica.com/expo/blog/clasificacion/auditoria-creativa/

55. Manuela Romo, coordinadora del programa de Doctorado en Creatividad Aplicada en la Universidad Autónoma de Madrid en el año 2009, publicó *Psicología de la creatividad* (Paidós).

56. Jorge, Wagensberg, doctor en Física y profesor de Teoría de los procesos irreversibles en la Universidad de Barcelona en el año 2017 publicó *Teoría de la creatividad.* Barcelona: Tusquets.

57. «Encuentros con la Psicología 5 problemas 5 respuestas». El IV Encuentro se dedicó a «La creatividad en tu día a día». Cinco psicólogos expertos y cinco arquitectos conformaron el ciclo de encuentros organizados por el Colegio Oficial de la Psicología de Madrid y La Casa del Libro de Gran Vía de Madrid, dirigido por Lecina Fernández http://www.lecina.es/content/iv-ciclo-5x5-la-creatividad-en-tu-d%C3%ADa-d%C3%ADa

58. Mihaly Csikszenmihaly introdujo este término en 1990, como experiencia en la vida personal y también en el ámbito laboral en el que la persona tiene un alto nivel de concentración, motivación intrínseca y placer por la realización de la tarea. El término *flow* está relacionado con la felicidad, forma parte de la psicología positiva y del concepto *bienestar* tan estudiado y valorado hoy en día en nuestra sociedad. Sus libros tienen edición en español.

59. Olga Castanyer. (1996). *La asertividad: expresión de una sana autoestima*. Desclée de Brouwer.

60. Nathaniel Branden, psicoterapeuta canadiense especialista en la psicología de la autoestima. Ha escrito más de veinte libros, el texto aquí comentado sobre cómo se manifiesta la autoestima positiva se puede ver más completo en el libro *El poder de la autoestima*. Paidós (1992).

61. Avia, Mª Dolores y Vázquez, Carmelo. (1998) *Optimismo Inteligente*. Cap.2. Madrid: Alianza Editorial.

62. Martin Seligman (1998). Estas tres características provienen de los estudios que se hicieron para medir la valía y predecir el potencial de éxito de los futuros empleados para la venta de seguros, o, como dice Seligman, para separar a las águilas de los pavos. (Asociación de Investigación Gerencial de Seguros de Vida).Op. cit. pp.139–141.

63. Puede aprender más sobre esta emoción con los libros de Jonathan. Haidt y los artículos «Emociones positivas», de Mª Luisa Vecina (2006), «La Elevación. ¿una nueva emoción?», de Pablo Malo (2012), o «Elevarse en el cine (Una emoción única)». *Filmoterapia*. HODGSON & BURQUE psicólogos.

64. Javier Urra Portillo. (1996). *Ética, razón, y empatía en el proceso de socialización*. Eguzkilore: Cuaderno del Instituto Vasco de Criminología. Nº10, 213–228. https://addi.ehu.es/handle/10810/25558

65. https://www.compasionplena.com/blog

66. Javier García Campayo. (2018), profesor de Psiquiatría en la Universidad de Zaragoza, introdujo el primer Máster de Mindfulness en la Universidad española en 2013. Junto con Ausias Cebolla y Joaquim Soler forman el grupo de Investigación en Mindfulness más importante de los países de habla hispana.

67. Manual Diagnóstico y estadístico de los Trastornos Mentales (DSM-5). 5. ª edición. Trastorno depresivo mayor (p.160–168). Madrid: Ed. Médica Panamericana.

68. Rocío Navarro Macías (2021): entrevista a Lecina Fernández en el artículo «Cinco actitudes muy comunes que te impiden ser feliz». *La Vanguardia*. 6, febrero 2021. https://www.lavanguardia.com/vivo/psicologia/20210206/6225121/actitudes-ser-feliz.html

69. Martin E.P. Seligman. *Aprende optimismo.*

70. DSM-5 (p.155)

71. Lecina Fernández (2012). Conferencia «Vacío interior-Fomentar ilusión» en los *Encuentros con la Psicología* «*5 Problemas- 5 Respuestas*», organizados por el Colegio Oficial de la Psicología de Madrid en La Casa del Libro Gran Vía. Madrid. http://www.lecina.es/content/i-ciclo-5x5

72. Abraham Maslow, *Motivación y personalidad* (1954, 1987, Harper & Row, PublishersInc.), y (1991). (cap.2 Teoría de la motivación humana, pp.32). Madrid: Diaz de Santos.

73. Frankl, V. (2003). *El hombre en busca de sentido*. Barcelona: Herder.

74. Op cit (2011).

75. Las referencias de este apartado tienen su fuente en el curso de posgrado «Procrastinación y Agorafobia. Conceptualización y tratamiento del aplazamiento disfuncional», impartido por el Dr. Eduardo Keegan (2021), de la Facultad de Psicología de la Universidad de Buenos Aires, organizado por el Centro de Terapia de Conducta de Valencia en marzo 2021.

76. Inspirado en los diagramas de Leonardo Euler para explicar gráficamente las relaciones de la lógica. Manuel Garrido (1974, 1977). *Lógica simbólica.* (cap.8, pp.148–150). Madrid: Tecnos.

77. Lógica: ciencia que expone las leyes, modos y formas de las proposiciones en relación con su verdad o falsedad. **Lógica formal o matemática**: es la lógica que opera utilizando un lenguaje simbólico abstracto para representar la estructura básica de un sistema. **Lógica natural**: es la disposición natural de los seres humanos para pensar de forma coherente. RAE

(2014). 23 edición, p.1356). Madrid: Espasa. Si el ser humano tiene una disposición natural para pensar de forma coherente, con la ilusión y su búsqueda y construcción para convertirla en realidad, puede pensar de esta misma manera.

78. «La teoría tradicional de la proposición categórica es una pieza clave de la teoría tradicional del silogismo. Se pueden distinguir conforme a la cantidad proposiciones *particulares* o *universales* y conforme a la cualidad *afirmativas* o *negativas*». Garrido (1974, 1977) (p.148–149).

79. Invertir el orden no sólo ocurre con las actitudes del proceso de la ilusión, ocurre también con otras jerarquías, como por ejemplo con la jerarquía de las necesidades de Maslow: necesidades fisiológicas, necesidades de seguridad, de sentido de pertenencia y de amor, necesidades de estima y valoración, y necesidades de autorrealización. *Motivación y personalidad* (1954, 1987, Harper & Row, PublishersInc.), y (1991). (cap.2 «Teoría de la motivación humana», pp.38–47). Madrid: Diaz de Santos.

80. Garrido (1974, 1977).

81. Evoca a la armonía de las esferas. «La **armonía de las esferas** es una antigua teoría de origen pitagórico, basada en la idea de que el universo está gobernado según *proporciones numéricas armoniosas* y que el movimiento de los cuerpos celestes según la representación geocéntrica del universo — el Sol, la Luna y los planetas — se rige según proporciones musicales; las distancias entre planetas corresponderían, según esta teoría, a los intervalos musicales *«armonía del cosmos»* o *«música universal»*; la palabra armonía se entiende aquí por las buenas proporciones entre las partes y el todo». https://es.wikipedia.org/wiki/Armon%C3%ADa_de_las_esferas

82. *Veni, vidi, vici (Fui, vi y vencí)*. Expresión atribuida a Julio César describiendo su victoria en la Batalla de Zela; se utiliza para comunicar la rapidez con la que se ha logrado algo con éxito.

83. Significado del refrán según el Centro virtual Cervantes: con frecuencia, para conseguir algo, es necesario luchar bastante para superar las dificultades que puedan presentarse, pues, por lo general, toda obra tiene sus dificultades. Y por lo que hemos a prendido con la lectura de este libro podemos decir que a la ilusión le ocurre lo mismo por regla general.

84. Lecina Fernández. (2014). Estudio *¿Qué es la ilusión? Qué piensan los españoles que es la ilusión y cuán ilusionados están.* Realizado con el Colegio Oficial de la Psicología de Madrid y promovido por Once y su Fundación.

85. Ver nota 2

86. *Ilusión positiva. Una herramienta casi mágica para construir tu vida.* (2017) (p.p.221). Madrid: Desclée de Brouwer.

87. Las Fallas de Valencia son unas fiestas tradicionales en la ciudad española de Valencia. Se iniciaron para celebrar la festividad de San José, patrón de los carpinteros, quienes quemaban las virutas de su taller y trastos viejos. En la actualidad los artistas falleros construyen unos monumentos formados de piezas de madera y cartón que sujetan unos a otros creando una construcción de varios metros de altura, y la noche de San José, día 19 de marzo, se queman formando una gran hoguera.

88. El proyecto Plantar la Esperanza puso en marcha muchas actividades, entre ellas el Taller Ilusión Positiva, https://valenciafiestaytradicion.com/wp-content/uploads/2018/03/Dossier.PlantarEsperanza.FallaPalleterIncliva.pdf

89. Estudio que iniciamos en el Colegio Oficial de la Psicología de Valencia.

90. Filósofos españoles actuales han escrito sobre la imaginación: Juan Arnau, *Historia de la imaginación*; Josep María Esquirol es autor de una conferencia sobre «Filosofía de la imaginación», e Ignacio Gómez de Liaño, de la obra *El idioma de la imaginación*. Otro punto de vista es la obra *Contra la imaginación*, de Christophe Donner, o *Gramática de la fantasía*, de Gianni Rodari.

91. Cadena Ser-Hacer-Tener. Ver capítulo 3, apartado 17 de este libro. Si quieres saber más, ver «*¿Cómo fomentar ilusión positiva?*» Cap. 6. en *Ilusión Positiva.* Ed. Desclée de Brouwer.

92. Maria Dolores Avia y Carmelo Vázquez (1998), en su obra *Optimismo inteligente.* (p.2 48) Profesores de Psicología Clínica en la Universidad Complutense de Madrid.